누구나 화를 낼 수 있다. 따라서 이는 매우 쉬운 일이다.
그러나 적절한 사람에게, 적절한 시간에,
적절한 정도로, 적절한 목적으로,
적절한 방법 안에서 화를 내기는 대단히 어렵다.

아리스토텔레스

화를 내면 주위의 사람들은 많은 상처를 입는다.
그러나 그것보다 더 큰 상처를 입는 사람은
바로 화를 내는 당사자이다.

레프 톨스토이

모두에게 예의 바르고, 다수에게 붙임성 있고,
소수에게 친밀하고, 한 명에게 친구가 되고,
아무에게도 적이 되지 말라.

벤자민 프랭클린

너무도 많은 사람들이
스스로 조절 가능한 자기감정을 다스리지 못하고,
일시적인 처방에 의지한 채
우리가 조절할 수 없는 외부 환경에 자신을 내맡기고 있다.

앤서니 라빈스

오늘도
욱
하셨나요?

불같은 성질 죽이는 법

오늘도 욱 하셨나요?

펴낸날 2018년 7월 10일 1판 1쇄

지은이 송태인
펴낸이 강유균
기획·편집 김미현
교정·교열 이교숙 김아름
경영지원 이안순
디자인 송희정
마케팅 PAGE ONE 강용구
홍보 김범식

펴낸곳 리드리드출판(주)
출판등록 1978년 5월 15일(제 13-19호)
주소 경기도 고양시 일산서구 고양대로 632번길 60, 207호(일산동, 대우이안)
전화 (02)719-1424
팩스 (02)719-1404
이메일 gangibook@naver.com
홈페이지 www.readlead.kr

ISBN 978-89-7277-321-4 03320

이 도서의 국립중앙도서관 출판예정도서목록(CIP)은 서지정보유통지원시스템 홈페이지(http://seoji.nl.go.kr)와 국가자료공동목록시스템(http://www.nl.go.kr/kolisnet)에서 이용하실 수 있습니다.(CIP제어번호 : 2018017887)

불같은 성질 죽이는 법

오늘도 욱 하셨나요?

송태인 지음

리드리드출판

PROLOGUE

오늘도 '욱'하는 성질을 주체하지 못하는 당신에게

"시끄럽다고 했는데 음악이 계속 나와서 욱하는 마음에 그랬어요."

지난해 경남 양산에 사는 서모 씨가 15층 아파트에서 밧줄에 의지해 외벽 도색작업을 하던 작업자의 밧줄을 공업용 커터 칼로 끊었다. 작업자는 추락했고, 그 자리에서 숨졌다. 순간적인 화를 참지 못해 벌어진 끔찍한 사건이었다. 비단 이 일뿐만이 아니다. 층간 소음 문제로 인한 이웃 간의 충돌, 운전자들의 목숨을 위협하는 보복·난폭운전, 요즘 연일 대한민국을 뜨겁게 달구고 있는 상류층의 물벼락 갑질 등 우리 사회 곳곳에서 속칭 '분노 범죄'가 끊이질 않고 있다.

우리가 이처럼 분노를 스스로 조절하지 못하게 된 이유는 무엇일까? 화, 분노는 인간이라면 누구나 가질 수 있는 자연스러운 감정 중 하나다. 하지만 화와 분노에 대한 사람들의 인식은 대체로 부정적이다. 분노하는 것은 점잖지 못한 행동이며, 화는 참는 것이 미덕이라고 여긴다.

이렇게 즉각 풀지 않고 쌓아둔 분노가 한꺼번에 표출되면서 폭행, 살인 등 극단적으로 나타나는 것이다. 여기에 점점 더 가속화되는 주거, 고용, 노후 등에 대한 불안도 현대인들의 분노를 증폭시키는데 한몫한다.

하지만 화는 무조건 참아야 하는 것도, 내다 버려야 하는 쓰레기도 아니다. 화는 관계 맺기의 신호체계일 뿐이다. 마치 몸이 아프면 통증을 통해 우리에게 알리듯, 사람과 사람 사이가 나빠지면 화가 전령처럼 나타난다. 즉, 나와 대상 사이의 관계가 원만하면 화는 올라오지 않는다. 자신의 화를 잘 관찰하고 적절하게 조치하면 분노가 폭발하는 일도, 스트레스 때문에 괴로울 일도, 화병에 걸릴 일도 없을 것이다.

요즘 들어 마음의 불을 잠재우는 성질 죽이기 교육이 여기저기서 유행처럼 진행되고 있는 이유도 이 때문이다. '분노조절', '감정코칭', '심리치유', '스트레스 해소' 등 주제도 다양하다. 이들 교육의 핵심은 인간의 존엄성을 바탕으로 분노가 올라오면 무조건 참지 말고 적절한 때, 적절한 곳에서, 적절하게 발산하는 노하우를 익히는 데 있다. 실제로 분노는 감정이 발생했을 때 어떻게 대처하느냐에 따라 전혀 다른 결과를 만들어 낸다. 물론 대개는 크고 작은 다툼을 일으키지만, 잘만 활용하면 긍정적 에너지로도 얼마든지 전환할 수 있다.

이 책을 쓰게 된 동기 역시 부정어로 인식되는 '화'와 '분노'를 본능이 아닌 본성의 눈으로 바꾸면 '사랑'이라는 긍정어로 바꿀 수 있다는 희망을 공유하기 위해서다. 또 가까운 사람과의 다툼, 부부싸움, 가족구성원 간의 갈등과 오해, 직장에서의 억울함, 각종 스트레스 등으로 화나 분노가 일어났을 때 그 근원을 정확히 이해하고 인문학적 관점에서 자가 치유할 수 있는 방법을 공유하고자 위함이다.

반복되는 화와 분노는 삶의 에너지를 소진시키는 진드기 같은 존재이다. 이 책을 통해 분노를 근본적으로 제거하는 방법을 익히고 정서근력을 튼튼하게 길러 정당하게 화를 내고, 당당하게 인생을 디자인해 나가길 바란다.

국제자연치유대학 인문학부

교수 송태인

차례

PART 2

우리가 분노하는 '진짜' 이유

PART 3
욱하는 당신을 위한 실천 매뉴얼

EPILOGUE

인은 사람의 '마음'이요, 의는 사람의 '길'이다.

그런데도 사람들은 자기 길을 버리고 따르지 않고,

자기 마음을 잃어버리고도 찾을 줄을 모르니 애처롭구나.

사람들은 닭과 개를 잃어버리면

찾을 줄을 알면서도

방심하고도 찾을 줄을 모르는구나.

학문하는 방법은 다름이 아니다.

'방심한 마음'을 찾는 것일 뿐이다.

PART 1

분노를 돋우는 의외의 것들

남이 나를 속일까 지레 추측하지 않고
남이 나를 믿지 않을까 억측하지 않는다.
남보다 먼저 깨닫고 밝은 마음으로
대처하는 자가 현명한 자일 것이다.

『논어』 '헌문'편 중에서

변덕쟁이 기분 탓

유난히도 길게 느껴진 겨울이 가고 새봄이 종종걸음으로 다가온 날 아침, 민희 씨는 무겁게 걸치고 다녔던 겉옷 대신 가벼운 옷을 꺼내 입었다. 계절의 변화는 사람의 기분도 움직인다. 가벼워진 옷차림 탓인지 거리의 모습도 생기가 느껴지고 행인들의 발걸음도 신나 보인다. 이런 날은 지하철 분위기도 봄 향기를 끌어안은 듯 산뜻하다. 출근길 지하철에 올라 기분 좋은 하루를 그리는 중에 기관사의 조급하면서 약간은 짜증 섞인 솔[Sol] 톤의 목소리가 반복적으로 흘러나왔다. "지금 춥다는 민원과 덥다는 민원이 동시에 계속해 들어오고 있습니다. 양해해 주시기 바랍니다!" 세 번 정도 반복해 들었을까. 한껏 들떴던 민희 씨의 기분도 점점 가라앉기 시작했다.

기분은 변덕쟁이다. 좋다가도 싫고 싫다가도 좋다. 조금만 더워도 싫고 조금만 추워도 싫다. 기분은 '기운氣을 나눈다分'는 뜻이다. 기의 순환이 원활하면 기분이 좋고 기의 순환이 순조롭지 못하면 기분이 나쁘다. 기분을 잘 알아차리고 적절하게 조절하는 사람은 지혜로운 사람이다. 여기서 중요한 것은 나빠진 기분을 방치하면 화로 발전한다는 것이다.

화는 기가 막힌 곳을 열을 가해 뚫으려는 움직임이다. 화가 느껴지면 막힌 기가 잘 타도록 도와야 한다. 그 화를 방치하게 되면 화상을 입게 된다. 그게 바로 화병火病이다. 1도 화상은 분노 발생, 2도 화상은 분노 성장, 3도 화상은 분노 폭발의 단계다. 육체의 화상은 전염되지 않는다. 그러나 화병은 특급 전염병이다. 화병을 앓고 있는 본인뿐만이 아니라 주위 사람과 불특정 다수에게까지 나쁜 기운氣을 나누기分 때문이다.

왜 나는 화내는 걸까요?

일반적으로 화는 부정적이 인식이 강하다. 그래서 우리는 화가 되도록 밖으로 나오지 않게 억제, 통제한다. 그러다 화병의 일종인 '스트레스'라는 개념이 생기면서 내다 버리는 것으로 치부하기 시작했다. 결론부터 말하면 화는 내다 버려야 할 쓰레기가 아니다. 화는 사랑의 다른 신호이며, 관계 맺기의 신호체계일 뿐이다. 마치 몸이 아프면 통증을 통해 우리에게 알리듯, 사람과 사람 사이가 나빠지면 화가 전령처럼 나타나는 것이다. 즉, 나와 대상 사이의 관계가 원만하면 화는 나타나지 않는다. 반대로 사이가 나빠지려는 조짐이 보이면 금세 화가 올라온다.

소통의 달인은 화를 잘 관찰하고 적절하게 조치하는 사람이다. 화는 나와 무관한 대상에게는 발생하지 않는다. 나와 가까이에서 더 많은 사랑을 주고받아야 할 대상일수록 화는 더 가까이 자주 나타나는 법이다. 조물주는 인간에게 사랑의 병과 약을 동시에 선물한 셈이다. 이 얼마나 감탄스러운 일인가.

맹자가 말하였다.

"인仁은 사람의 '마음'이요, 의義는 사람의 '길'이다. 그런데도 사람들은 자기 길을 버리고 따르지 않고, 자기 마음을 잃어버리고도 찾을 줄을 모르니 애처롭구나. 사람들은 닭과 개를 잃어버리면 찾을 줄을 알면서도 방심放心하고도 찾을 줄을 모르는구나. 학문하는 방법은 다름이 아니다. '방심한 마음'을 찾는 것일 뿐이다."

『맹자』 '고자'편 중에서

사람의 마음속에는 사람과 사람의 관계 맺음을 결정하는 플러스와 마이너스 에너지가 들어있다. 그 에너지는 대상과 대상을 '서로 살리는 방향'으로 가감을 하는 것이 순리이다. 그러나 사람은 각자의 관점과 입장 그리고 자기의 욕구와 감정이 충족되는 방향으로 에너지를 가감하는 경우가 더 많다.

맹자는 그 가감의 기준을 인仁과 의義에 두라고 권한다. 인은 '사랑하는 마음'이며 의는 '사랑을 나누는 방법'이다. 화는 인仁과 의義를 똑바로 살펴보라는 알림이다.

화는 인간에게 사랑을 일깨워 주는 전령의 역할을 한다. 사랑은 관계 맺는 두 대상 사이에 주고받는 행위다. 어느 한쪽이 넘치거나 부족하면 사랑은 금이 가기 시작한다. 이때 화는 사랑에 금이 가지 않도록 하나 된 마음을 향해 자신을 불사른다. 관계 맺기의 중심을 유지하는 것, 그것은 사람다움의 완성이다. 즉, 사람은 관계 맺기를 통해 사람다움이 갖춰지는 것이다.

완전한 사랑은 쉽지 않기에 사랑은 눈물의 씨앗이며, 그 결실은 행복으로 되돌아온다.

화는 단편적으로 보면 현상적으로 드러나는 성격이나 태도 때문에 발생하는 것처럼 보인다. 그러나 그 뿌리는 사람으로서 갖추어야 할 인간 본성의 기본 요소가 결핍되었을 때 나타난다. 가령 친구와 시간 약속을 했는데 반복적으로 늦게 나오면 대개 화가 올라온다. 표면적으로 보면 약속을 지키지 않은 태도에 화가 올라온 것처럼 보인다. 그러나 여기서 화의 본질은 그 친구의 불성실과 무례함이다. 즉, 내가 좋아하는 친구에게서 성실하지 못함과 예의가 없다는 사실이 발견된 것이다.

이때 어떻게 대처하느냐에 따라 결과는 전혀 달라진다. 반복적으로 약속 시간에 늦는 친구의 행동을 그냥 무시한다면 관계는 계속 유지할 수 있지만 당신의 화는 치유할 수 없다. 친구에게 싫은 소리를 하기 귀찮아서 내버려 두거나 충고를 했지만 개선되지 않는 경우엔 화도 다스릴 수 없고, 진정한 우정도 쌓을 수 없는 최악의 상황이 발생한다. 반면 친구와의 대화를 통해 불화의 원인을 해결했다면 화도 사라지고 우정도 지속할 수 있다.

화를 알고 분노를 다스리려면 인간 본성의 기본요소를 잘 알아야 한다. 그것이 화와 분노를 풀어가는 진단의 기준이 되기 때문이다. 대개 화를 진단하는 기준을 잘 몰라 순간을 모면하거나 회피하는 대처법을 찾게 된다. 그러나 진단에 근거한 인성근력을 기르지 않는 한 화의 대상과 근본적인 용서나 화해를 할 수 없다.

따라서 화가 발생했을 때 나와 대상의 인성요소를 관찰해 어느 쪽 어느 인성요소에 문제가 있는지를 점검하고 그 요소를 근거로 상호 이해와 합의를 구해야 화의 감정이 쌓이지 않는다. 화의 감정이 쌓이게 되면 만병의 근원인 독기毒氣로 발전한다. 독기는 만병의 근원이다. 독기의 예방과 치료는 인성운동을 통해 기분을 좋게 유지하는 것이 최선의 방법이다. 인성운동은 인성키워드가 교과서요, 화가 교사다. 화가 올라올 때마다 화의 발생 과정과 소멸의 프로세스를 눈을 부릅뜨고 지켜보면서 나의 인성을 깨닫고 인성의 근육을 기르는 지혜가 필요하다.

사람의 몸과 마음은 알면 알수록 신비롭다. 기분 좋은 삶을 살아가기 위해서는 몸의 소리와 마음의 소리를 잘 들어야 한다. 사실 몸의 소리와 마음의 소리는 서로 별개가 아니다. 이 둘을 갈라놓는 순간 자연본성의 소리는 들리지 않는다. 기는 육체와 정신을 하나로 설명할 수 있는 개념이다. 기는 서로를 살리려는 속성을 가지고 있다. 따라서 우리는 기의 소리를 잘 들어야 한다. 기분(氣分)의 소리, 감기(感氣)의 소리, 화기(火氣)의 소리, 독기(毒氣)의 소리, 생기(生氣)의 소리, 활기(活氣)의 소리, 객기(客氣)의 소리, 정기(精氣)의 소리에 귀 기울여야 한다. 기는 소통의 스승이다.

30평, 2,000CC 뭣이 중한디

우리나라 사람들은 중산층의 기준을 어디에 두고 살까? 한 기관에서 대한민국 직장인을 대상으로 설문조사한 결과, 부채 없는 아파트 30평 이상 소유, 월 급여 500만 원 이상, 자동차 2,000CC급 중형차 소유, 예금액 잔고 1억 원 이상 보유, 해외여행 1년에 한 번 이상 등의 조건을 꼽는다. 이 기준이 맘에 드는지 물으면 대다수의 사람들은 '마음에 들지 않는다'고 답한다.

반면 프랑스 리서치에서는 중산층의 기준으로 페어플레이를 할 것, 자신의 주장과 신념을 가질 것, 독선적으로 행동하지 말 것, 약자를 두둔하고 강자에 대응할 것, 불의와 불평, 불법에 의연히 대처할 것 등의 내용을 들려주고 같은 방식으로 맘에 드는지 물으면 대다수가 긍정하는 눈빛을 보낸다고 한다.

중산층의 기준은 그 시대 사회 구성원들이 합의한 가치기준이며 행복의 기준이다. 그래서 사회 구성원들은 개인의 의사와 관계없이 이 기준에 맞춰 살려고 노력하게 된다. 이 관점에서 볼 때 대한민국 사람들은 스스로 행복의 기준을 정해 놓고 불행한 삶을 살고 있는 것이다. 행복의 기준은 고정되어 있는 것이 아니다. 그 시대와 상황에 맞게 구성원들이 합의해 얼마든지 기준을 바꿀 수 있다.

다시 위 설문조사를 자세히 살펴보자. 재미있는 현상을 하나가 눈에 띈다. 숫자에 예민한 한국인들의 기준에는 모든 항목에 숫자가 들어있다. 대상을 계량화해서 판단하는 습관이 몸에 배어 있다는 것을 알 수 있다. 계량화는 통계 해석에 중요한 요소다. 그러나 숫자는 해석을 위한 도구다. 그 도구에 갇혀 목적을 보지 못하면 숫자의 노예가 되고 만다. 대개 숫자에 예민한 사람은 분노가 많다. 숫자의 도구는 규칙, 질서, 해결 등 단순화를 좋아한다. 반면 사람의 정서는 불규칙하고 무질서하며 해결할 수 없는 복잡함을 가지고 있는데, 그것을 숫자의 규칙과 질서로 단순하게 판단하려 들면 충돌을 일으킨다. 그 충돌을 피하려면 숫자의 도구 뒤에 숨어 있는 정서의 목적을 읽을 수 있어야 한다.

숫자의 시대는 가고 가치의 시대가 왔다

이 관점에서 볼 때 한국인들의 설문 결과에 들어 있는 숫자는 물질적인 가치서열 구조가 깔려 있다. 치열한 경쟁의 구조에서 살아남기 위해서는 상대적인 우위를 점하지 않으면 생존하기 어렵다는 절박함이 들어 있다. 이때 숫자에 예민한 사람들은 그 표면에 드러난 데이터를 기준으로 자기 자신의 현재와 미래의 가치 기준을 삼는다. 반면 정서의 목적을 해석하는 사람들은 그 데이터를 보면서 치열한 현실을 직시하고 경쟁력을 확보하기 위해 내가 갖춰야 할 역량이 무엇인지를 확보한다. 즉, 숫자 뒤에 숨어 있는 소중한 가치를 선택한다.

프랑스만 봐도 그렇다. 중산층의 기준에 숫자가 보이지 않는다. 그들은 숫자 뒤에 있는 가치를 드러낸다. 페어플레이를 하고, 자신의 주장과 신념을 가지고, 독선적으로 행동하지 말고, 약자를 두둔하고 강자에 대응할 것, 불의·불평·불법에 의연히 대처할 것 등 이런 가치를 강화하는 것이 치열한 경쟁사회에서 살아남는 방법임을 그들은 알고 있는 것이다.

숫자의 노예가 되면 경쟁에서 살아남지 못한다. 열등의식으로 인한 불안이 자기 발목을 끊임없이 잡기 때문이다. 우리 사회는 숫자의 노예에서 하루빨리 벗어나야 한다. 유치원, 초등학교, 중학교, 고등학교, 대학교, 취업, 실적, 승진으로 이어져 있는 인재 평가의 숫자 서열화는 끊임없이 분노의 축이다. 또 학교폭력 및 자살, 우울증 등 우리 사회가 안고 있는 고질적인 문제 뒤에도 숫자 노이로제가 존재한다. 이제라도 시대가 요구하는 '숫자에서 가치로의 전환'을 받아들일 때다.

분노는 개인의 문제이자 사회구조의 문제이기도 하다. 개인과 사회는 수레의 양 바퀴다. 개인의 환경이 모여서 사회의 환경을 만들기도 하지만 사회의 환경이 개인의 환경을 만들어 주기도 한다.

대한민국은 지금 총체적으로 난관에 부딪혀 있다. 정치, 외교, 경제, 사회, 교육 등 어느 하나도 속 시원히 풀리는 곳이 없다. 나의 작은 소견으로는 개발도상국의 잔재를 벗어나지 못하고 있는 것이 가장 큰 위기의 원인이라고 생각한다. 시대는 이미 선진국으로 진입했는데도 의식의 틀은 아직도 과거에 머물러 있는 것이다.

이러한 괴리는 에너지를 분산시킨다. 국민 모두가 좌충우돌할 뿐 하나 된 구심점이 없다. 에너지를 모을 중심을 상실한 것이다. 대한민국은 자타가 인정하는 열정이 있는 국민들이다. 그럼에도 불구하고 그에 합당한 성과가 나오지 않을 때는 가던 길을 멈추고 출발점을 돌아보아야 한다. 역사는 순리에 어긋나 있는 국가와 민족에게 기회를 주지 않았다.

지금 대한민국은 선진국에 맞는 새로운 패러다임을 창출해야 할 시점이다. 그것은 누구에게 미룰 성질이 아니다. 국민 각자가 자기 역할을 할 때 그 판단 기준을 선진화하는 것이다. 위에서 들었던 한국인의 중산층 기준은 개발도상국의 전형적인 사례다. 개발도상국 사람들의 의식의 특징은 도구에 머물러 있다는 것이다. 그것은 왜 하는지에 대한 주도적인 목적성이 결여되어 있다. 선진국을 따라가는 습성이 배어 있기 때문이다.

선진의식의 핵심은 주인의식이다. 주인의식의 결여는 간섭과 통제다. 간섭과 통제의 사회에서는 개인과 사회 모두가 피곤하다. 이 악순환은 분노의 온상이다.

맹자가 말하였다.

"선善으로 남을 복종시키려 했던 자 치고 남을 복종시킨 경우는 없다. 선善으로 남을 길러준 뒤에야 천하를 복종시킬 수 있다. 천하 사람들이 마음으로 복종하지 않는데 천하의 군왕 노릇한 자는 없다."

『맹자』 '이루'편 중에서

역사의 많은 지도자들은 개혁을 시도했다. 개혁은 분노를 해결하려는 시도다. 개혁을 운운하는 것은 그 사회의 기가 막혀 있다는 반증이다. 개혁의 본질은 쌓인 분노를 풀고 분노 없는 세상을 만드는 것이다. 그러나 역사적으로는 개혁을 성공시킨 지도자보다는 개혁을 실패한 지도자가 더 많다.

맹자는 실패의 원인을 소통의 부재에 있다고 진단했다. 개혁이 성공하려면 개혁의 주체와 객체, 분노의 주제와 객체 사이의 소통이 전제되어야 한다. 개혁은 개인의 문제만도, 사회의 문제만도 아니다. 또 개혁은 기도자의 문제만도, 국민들만의 문제도 아니며 제도만의 문제도, 의식만의 문제도 아니다.

맹자는 이 양자 사이의 소통 정도에 따라 개혁의 성패가 나누어진다고 봤다. 소통은 정서를 움직여야 한다. 성공한 리더는 사회 구성원들의 정서를 읽고 그 정서를 순화시킬 수 있는 방법을 찾는다. 실패한 리더는 숫자를 내세워 사회구성원들을 현혹시킨다. 이 땅에서도 정서를 움직이는 개혁의 리더가 그리운 때이다.

잔소리는 그만, 너나 잘하세요

속칭 덜렁주의자인 나옥분 할머니는 남편과의 성격 차이로 화병火病이 커져 지난달 심장질환 수술을 받았다. 완벽주의 남편은 결혼 초부터 지금까지 "반듯이 놔라.", "깨끗이 치워라.", "돈 계산 잘해라." 등의 잔소리를 그녀에게 쉼 없이 했다. 그동안 할머니는 종교생활을 통해 어느 정도 마음을 비우고 살았다고 생각했는데 쌓이고 쌓인 감정들이 병이 된 것이다.

사람은 소리에 예민하다. 좋은 소리는 정서를 풍요롭게 하지만, 나쁜 소리는 정서를 경직시킨다. 잔소리, 큰소리 속에 분노의 씨가 들어 있기 때문이다. 게다가 대개 싫은 소리는 반복하는 경우가 많다. 또 한 번 비위에 거슬리면 기억에서 잘 사라지지 않는다. 하지만 혼자 살아가지 않는 한, 사람 소리는 피할 수 없다. 그렇다면 대안은 나쁜 소리를 줄이고 좋은 소리를 늘리는 수밖에 없다.

사람과 사람 사이에 소리는 크게 헛소리와 참소리로 나눌 수 있다. 다른 사람을 헐뜯는 말이라든지, 풍문에 떠돌아다니는 근거 없는 이야기를 마치 자신의 이야기처럼 꾸미는 말, 자기욕구를 채우는데 방해가 되는 대상을 향한 비방 등이 헛소리에 속한다. 헛소리는 말하는 사람이나 호응해주는 사람에게 일순간이나마 시원하게 욕구를 배설하는 수단이 되긴 한다. 그러나 헛소리는 헛소리일 뿐이다. 헛소리가 많은 개인과 집단은 분노도 크다. 사람의 소리에는 보통 정서가 깔려 있는데, 정서가 뒤틀릴 때 헛소리가 나오기 때문이다.

반대로 참소리는 긍정의 관계를 전제로 하는 말이다. 참소리에는 서로 잘해보자는 의도가 깔려 있다. 그런데 의도가 좋다고 해서 항상 좋은 것은 아니다. 보통 참소리는 가까이 있는 사람끼리 하게 되는데, 그 사이에 '감정'이라는 방해꾼이 등장해 본질을 왜곡시키기도 한다.

왜 참소리는 왜곡되는가?

크게 세 가지 상황을 꼽을 수 있다. 첫 번째는 상대방의 결점을 들추는 경우다. 본래 가까운 사람일수록 결점은 더 잘 보인다. 예를 들어 연애할 때 좋은 점만 보이던 배우자도 결혼해서 살다 보면 몰랐던 결점이 발견된다. 또 내가 원하던 직장임에도 불구하고 막상 입사하면 밖에서 생각했던 것과 달리 눈에 거슬리는 것이 많아진다. 여기서 주목해야 할 것은 결점은 사람에 따라 받아들이는 각도와 양이 천차만별이라는 것이다. 따라서 참소리가 제 목소리를 내도록 돕기 위해서는 가까이 할수록 잘 보이는 이 결점을 긍정의 눈으로 바라볼 수 있도록 스스로 노력해야 한다.

두 번째는 가깝다고 생각하는 사람은 자신의 모든 것을 포용해 줄 것이라고 착각하는 경우다. 배우자니까, 부모니까, 자식이니까, 친구니까, 직장동료니까, 이웃이니까 이해해 줄 거라 생각하면 '천만의 말씀'이다. 정서는 가까운 사람에게 더 가까운 정서 관계를 원하며, 사람마다 기대하는 정서기준치가 다르다는 점을 명심해야 한다.

세 번째는 가까이 있는 사람끼리는 작은 것은 무시하고 지나가도 괜찮다는 인식이 깔려 있는 경우다. 사람의 정서는 변화무쌍해 평소에는 무시하고 지나쳤던 것들도 예민할 때는 머리카락 하나 놓치지 않고 셀 만큼 치밀해진다.

맹자는 이와 같은 인간 정서의 특징을 간파하고 다음과 같이 말했다.

공춘추가 말했다.

"군자가 자식을 직접 가르치지 않는 것은 무슨 까닭입니까?"

맹자가 말했다.

"형편이 그렇지 못하기 때문이다. 가르치는 자는 반드시 올바른 길로 가르치게 마련이다. 그런데 올바른 길로 가르치다가 실천이 안 되면 분노하게 되고 분노하면 도리어 자식의 마음이 상하게 된다. 이때 자식이 '당신께서 나를 바른 길로 가르치시지만 당신께서도 바른 길로 가시는 것은 아니다'라고 생각하게 되면 이것은 부모와 자식 사이에 서로 의가 상하는 길이다. 부자간에 서로 의가 상하는 것은 나쁜 일이다. 그래서 옛날에도 자식을 서로 바꾸어 가르쳤다. 부모와 자식 사이에는 책선責善하지 않는 법이다. 책선하면 정이 떨어지게 된다. 정이 떨어지면 불쌍함이 이보다 더 큰 것이 없다."

『맹자』 '이루'편 중에서

좋은 것은 쉽게 얻어지지 않는 법이다. 가까운 사람일수록 정서에 대한 배려가 필요하다. 가까이에서 잘 보이는 결점은 가까이에 있는 사람이 채워 나가야 할 몫이다. 사람은 결점이 있기에 함께 사는 것이다. 구성원들끼리 서로의 결점을 채워 가는 잔소리, 그것이 조화로운 참소리의 본질이다.

아울러 정서는 조금만 방심해도 삐지는 경향이 있다. 가까이에 있는 사람끼리의 정서는 틀어지면 더욱 예민하게 알아차린다. 세 끼니 밥 챙기듯 가까이에 있는 사람의 정서 반응을 챙겨야 하는 이유다. 참소리는 그것을 챙기는 힘이다. 가까이에서 함께 나누는 사람일수록 사소하다고 여기는 것, 무시해도 된다고 생각하는 것, 이해해 줄 것이라고 믿는 것은 금물이다. 서로의 정서 상황과 상태를 확인하는 참소리는 상호존중이다. 정서는 사랑을 나눌 수 있는 무한한 공간이다. 이 공간을 누구와 어떻게 채워 나가느냐 하는 것은 전적으로 그 사람의 자유 의지에 달려 있다.

척, 척, 척 넣어둬, 넣어둬

오색五色의 화려한 색깔은 사람의 눈을 멀게 하고, 오음五音의 아름다운 소리는 사람의 귀를 멀게 한다.
오미五味의 좋은 맛은 사람의 입맛을 버리게 한다.
말을 달려 사냥을 하는 것은 사람의 마음을 광분하게 만들고, 얻기 어려운 재물은 사람의 행실을 그르치게 한다.
그러므로 성인聖人은 배를 채울 뿐 눈요기는 하지 않는다.
그리하여 저것을 버리고 이것을 취하는 것이다.

『노자』 '도덕경' 12장 중에서

약 2500년 전의 이야기인데도 이 글이 오늘날 우리들에게 주는 메시지는 크고 강하다. 화려한 색깔, 아름다운 소리, 좋은 맛, 신나는 사냥은 현대문명이 추구하는 핵심가치다. 더 화려하게, 더 아름답게, 더 좋은 맛으로, 더 신나게 먹고 입고 자고 노는 것은 모두의 희망이다. 다만 이것을 만족시켜 줄 돈이 부족할 뿐이다.

이렇게 좋은 것을 노자는 왜 경계하라고 했을까? 그것은 감각感覺의 상실을 염려한 것이다. 필요 이상의 자극은 감각을 둔화시키며, 감각의 자극은 더 큰 자극을 원한다. 문명의 이기에 더 많이 노출된 사람일수록 더 강한 자극을 필요로 한다. 감각은 생각의 욕구와 별개가 아니다. 통제가 어려운 생각의 욕구를 뒤쫓다 보면 감각은 무리를 하게 된다. 감각이 지치면 시력이 떨어지고, 청력이 낮아지고, 입맛이 없어지고, 단잠을 잃게 되고, 놀아도 즐겁지 않게 된다. 감각의 본성을 잃어버렸기 때문이다. 따라서 지속적으로 감각의 즐거움을 유지하려면 돈이 많아야 하는 것이 아니라 소비를 조절하는 능력을 키워야 한다.

그렇다면 감각을 유지하는 것이 왜 중요할까? 감각의 퇴화는 개인의 문제로 그치지 않는다. 감각은 살피는 능력과 직결된다. 시각, 청각, 촉각, 후각, 미각은 정보를 입수하는 대표적인 감각기관이다. 감각은 이러한 감각기관들의 소통의 문이다. 그래서 감각이 살아 있는 사람은 대상을 살피고 교감하는 영역이 넓다. 감각이 지친 현대인들은 살피는 능력이 현저히 떨어진다. 관계는 맺는데 대상을 건성으로 보고 듣고 느낀다. 겉보기에는 건강한데 실체는 부실해지고 있는 것이다.

분노를 다스리는 살피는 기술

문제는 이것이 점차 보는 척, 듣는 척, 아는 척하는 습관으로 굳어진다는 것이다. 척하는 습관은 분노의 환경을 만든다. 예를 들어보자. 살피는 능력이 떨어지면 목소리는 자연히 커진다. 서로가 주파수를 맞추기 어렵기 때문이다. 목소리가 커지면 정서의 문은 예민하게 반응하며 문을 닫아버리는데 그 닫힌 문을 열려는 반사에너지가 '화'이다.

또한 살피는 능력이 떨어지면 소통의 타이밍을 놓치게 된다. 정서 교류는 타이밍이 생명이다. 정서는 리듬을 타기 때문이다. 따라서 정서 교류의 타이밍을 놓치면 기분이 상한다. 그리고 기분이 반복해 심하게 상하면 역시 분노가 발동한다. 척하는 습관은 오해를 낳기도 한다. 동일한 대상을 이야기해도 서로 다른 것을 취하기 때문이다. 오해는 또 다른 오해를 낳고 눈덩이처럼 커진 오해는 제3의 분노를 잉태하는 악순환으로 이어진다. 이것이 쌓이면 분노증후군이 되는 것이다.

분노조절을 위해서는 잘 살피는 것이 중요하다. 잘 살펴보아야 내가 대상과 무엇을 주고받아야 하는지 판단이 선다. 살피는 데는 두 가지 길이 있다. 하나는 자기 안을 살피는 성찰이다. 또 하나는 자기 밖을 살피는 관찰이다. 여기서 중요한 것은 수레의 양 바퀴처럼 성찰과 관찰의 균형을 유지하는 것이다. 성질이 엇나가는 것은 대상과 관계 맺음에서 비롯되기 때문이다. 특히 정서는 주관적인 요소가 강하기 때문에 안과 밖을 균형 있게 살피면서 자신의 분노상황을 객관화하도록 힘써야 한다. 아울러 다음과 같이 3단계에 걸쳐 살피는 연습이 필요하다.

1단계는 기분을 살펴야 한다. 기분은 정서의 상태를 지각하는 기준이다. 기분이 나쁘면 정서 교류에 이상이 있다는 신호이다. 이때 성찰과 관찰을 작동시켜 양쪽 기분을 살피면서 주고받음에 무엇이 문제인지 체크하고 조절하면 분노상황을 예방할 수 있다. 기분 나쁨이 반복적으로 지속되면 분노로 진화한다.

2단계는 분노를 잘 살펴야 한다. 누구와 어떤 상황에서 왜 분노가 일어나는지 추적 조사하는 자세로 꼼꼼히 살펴야 한다. 분노는 피할 수도, 피해서도 안 되는, 내가 직접 풀어 나가야 할 짐이다.

3단계는 분노습관을 살펴야 한다. 기존에 분노가 발생했을 때 그 분노상황을 어떻게 대처해 왔으며, 앞으로는 어떻게 해결해 나갈지, 나와 분노대상에 대해서 치밀하게 살피는 연습이 필요하다. 분노의 위험성은 '좋은 게 좋은 것'이라는 식의 분노회피 습관에 있다.

한편, 요즘 사람들은 눈치가 빠르다. 경쟁사회에서 살아남기 위해서다. 눈치는 조직사회에서 소통으로 인정받는다. 계약사회에서 진정성 있는 정서교감은 서로 불편함을 줄 수 있지만 적당한 거리는 서로에게 자유를 준다. 그러나 살피는 것과 눈치는 다르다. 살피는 것은 대상을 있는 그대로 보는 것이다. 반면 눈치는 보는 사람 주체의 사적인 감정을 기준으로 대상을 바라보는 것이다. 눈치는 대상을 왜곡해서 볼 가능성이 크다. 눈치는 보는 사람도 힘들고 눈치 받는 사람도 기분이 나빠진다. 눈치는 시간이 흐를수록 정서에 불신을 준다. 정서의 불신이 커지면 커질수록 분노발생의 확률도 높아진다.

분노는 단편적으로 접근할 문제가 아니다. 분노가 발생하기까지는 삶의 다양한 요소가 결부되어 있다. 여기서 주목할 부분은 분노발생의 원인은 정신적 환경만큼이나 물리적인 환경도 중요하다는 인식이다. 사람의 정서는 먹는 것, 입는 것, 자는 것, 노는 것 등 사소한 일상생활의 주고받는 관계 속에서 자란다.

분노를 예방하고 치료하기 위해서는 감각을 잃지 않도록 내적 외적 환경을 조성해야 한다. 감각은 자연본성에서 제 기능을 최대한 발휘한다. 미래를 위해 현재를 희생하기보다 현재를 즐기는 데 집중하는 욜로족, 잘 먹고 잘살자는 웰빙족, 나와 너, 환경까지 고려한 친환경적이고 공동체적 가치를 추구하는 로하스족, 고속으로 주행하던 자동차를 저속기어로 바꾸듯이 생활의 패턴을 여유롭게 바꾸어 여가를 즐기고 삶의 질을 향상시켜 만족을 추구하자는 다운쉬프트족 등 속속 등장하고 있는 대안문명들은 크게 보면 자연본성을 지키려는 움직임이라 할 수 있다.

더 쉽게, 더 빨리, 더 편리하게, 더, 더, 더……. 노자는 '더'를 선택하면 심신의 감각을 잃어 삶의 맛을 느끼지 못할 것이라고 경고했다. 분노의 시대, 플러스적 사고에서 마이너스적 사고로 전환하는 지혜가 필요하다.

누가 내 맘을 알아줄까요

외동아들로 자란 민규는 어릴 때부터 외로움을 많이 타는 아이였다. 그래서 친구들에게 환심을 얻기 위해 먹을 것을 자주 샀다. 그러나 먹을 때만 친구지, 돌아서면 함께할 친구가 없었다. 초등학교 5학년 때는 왕따도 당했다. 더구나 나름대로 많은 시간과 돈, 에너지를 쏟아 관리(?)해 온 친구가 민규의 험담을 하고 다니기도 했다. 그때부터 민규는 친구 사귀기가 더욱 어려워졌다.

문제는 중학교 1학년 때 발생했다. 초등학교 때 자신을 험담하던 친구와 같은 반이 된 것이다. 민규는 학교에 갈 때마다 그 친구가 신경이 쓰여 공부도 잘 되지 않고 학교생활도 점점 더 재미가 없어졌다. 계속해서 민규가 학교생활을 힘들어하자 교사인 엄마는 정신과의사인 아빠 병원에서 검사를 받도록 했다. 여러 가지 검사 결과 학습장애 초기 증상이 있다는 판정이 나왔다. 특히 연산 장애, 시험불안증, 주의결핍증과 더불어 내적 분노가 높았다. 하지만 그렇다고 공부를 중단할 수는 없어 학원과 개인과외를 받으며 민규는 중학교를 마쳤다.
그런데 고등학교에 진학해 설상가상 또 다시 그 친구와 같은 반이 됐다. 민규는 이제 그 친구를 볼 때마다 과거의 분노가 치밀어 올라와 도저히 참을 수가 없었다. 일단은 부모에게 도움을 청해 다른 반으로 옮겨가는 것으로 피해갔지만 또 다시 그 친구 때문에 무겁고 힘든 학교생활을 해야 할 것 같아 불안이 몰려왔다.

지금 민규의 불안, 분노를 해결하는 데 가장 우선시 돼야 할 것은 자기를 극복할 수 있는 체계적인 교육이다. 민규의 신념은 닫힌 신념이다. 닫힌 신념은 시간이 흐를수록 단단하게 굳어진다. 그리고 그 시간이 길어질수록 그 벽을 깨기가 더욱 힘들어진다. 닫힌 신념은 정서의 자기 감옥이다. 자기가 자기 스스로에게 쇠사슬로 손발을 묶도록 세뇌하는 것과 같다.

정서는 사람마다 반응이 천태만상이다. 동일한 상황에서 누구에게는 아무렇지도 않은 것이 누구에게는 엄청난 반응으로 나타난다. 민규의 경우 부모들의 책임이 크다. 성장기의 닫힌 신념은 부모의 가치판단 영향을 크게 받는다. 특히 민규의 부모는 모두 전문직 종사자로서 자녀의 상황을 긍정적으로 받아들이기 쉽지 않았을 것이다. 엄마가 교사인데 아이가 학습장애를 안고 있다면 어떤 심경일까? 또 아빠가 정신과의사인데 하나밖에 없는 아들이 정서장애라면 어떤 심경일까? 아마도 다른 부모들보다 더 순순히 인정하기 어려웠을 것이다. 그리고 이러한 가정환경이 민규를 닫힌 신념에서 벗어나기 어렵게 만들었을 가능성이 크다.

우리가 꿈을 꿀 때는 그게 꿈인 줄도 몰라. 심지어 꿈을 꾸고 있는데도 꿈속에서 그 꿈을 풀이하고 있을 정도야. 꿈에서 깨어난 다음에 자기가 꿈을 꾸었다는 것을 비로소 알게 되지.
한쪽이 옳으면 다른 한쪽은 반드시 그를까? 양쪽이 다 옳거나 양쪽이 다 그른 경우는 없을까? 자네나 나나 모두 알 수 없으니 딴 사람들은 말할 것도 없어. 도대체 누구한테 부탁해서 올바른 판단을 하게 하면 좋을까?
자네처럼 생각하는 사람에게 판단해 보라고 치세. 하지만 생각이 이미 자네와 같은데 그 사람은 정말로 올바르게 판단할 수 있을까? 반대로 나처럼 생각하는 사람에게 시켜 보세. 그 사람도 역시 나와 생각이 같으니 정말 올바르게 판단할 수 있을까?
아니면 자네와 나와도 다르게 생각하는 사람에게 판단하게 해 보세. 그 사람의 생각이 자네나 나와 다르니 올바른 판단을 할 수 있을까? 반대로 자네와 나와 똑같이 생각하는 사람에게 판단하게 해 보세. 생각이 전부 같다고 해서 올바른 판단을 한다고 할 수 있을까?
이처럼 나나 자네, 다른 사람이 모두 다 알 수 없는데 여기서 또 누구를 더 기다려야 한단 말인가? 옳고 그름을 따지는 소리란 언제나 변하는 법이야. 아예 기대도 하지 말게. 옳으니 그르니 서로 따지는 소리를 그냥 대자연에 맡기고, 일체를 있는 그대로 받아들이는 게 중요해.

『장자』 '제물론' 중에서

장자처럼 고정관념을 깨는 고수가 되기는 어렵지만 그의 진정한 자유를 향한 몸짓은 우리 모두에게 귀감이 된다. 자유는 주위 환경이 만들어주는 것이 아니다. 진정한 자유는 내가 스스로 만들어 가는 것이다. 우리는 일상생활에서 너무 작고 사소한 것들에 얽매여서 소중한 것을 잃는 경우가 많다. 기존의 관념을 하나씩 버릴 때마다 하루하루 다시 새롭게 태어날 수 있을 것이다. 그것이 진정한 자유인의 모습이다. 자기 스스로를 구속하고 있는 분노습관을 발견하고 그 고정된 가치의 틀을 깨고 나와 진정한 자유를 찾자.

가깝고도 먼 당신

영훈 씨는 얼마 전 교육계 관계자와 미팅을 했다. 40대 중반쯤으로 보이는 남자는 얼굴은 검고, 키는 작고, 꽤 수줍음을 많이 타는 사람이었다. 업무 이야기를 마치고 함께 점심식사를 하기 위해 단 둘이서 식당에 갔다. 주문을 하고 나니 침묵과 함께 머쓱한 분위기가 흘렀다.

영훈 씨는 분위기를 좀 바꿔보기 위해 그에게 어디에 사는지 물었다. 경기도 외곽에 산다고 했다. 그 지역에 대해 한두 마디 묻고 나니 또 다시 침묵이 흘렀다. 곰곰이 생각하다 이번에는 취미로 무엇을 하느냐고 물었다. 그는 특별한 취미 활동은 없고 가끔 산행을 즐긴다고 했다.

순간, 영훈 씨는 학창시절 첫 미팅 때 기억이 떠올랐다. 서로 수줍어하면서도

내 마음에 드는 여학생을 택하기 위해 심리탐색전에 맞는 질문을 하던 그때 상황이 지금과 비슷해서였다. 이번에는 슬하에 자녀는 어떻게 되느냐고 물었다. 그는 순간 얼굴이 빨개지면서 다음 기회에 말해 주겠노라고 했다. 영훈 씨는 이럴 때는 어떻게 수습을 해야 할지 당황스러웠다. 다행히도 그 타이밍에 주문한 음식이 나왔다.

낯선 사람과 처음 만나서 머쓱할 때 우리는 날씨 이야기를 많이 건넨다. 그러다 머리스타일이나 의상 등 눈에 띄는 모습을 칭찬하거나 공통적인 화제를 염두에 두고 뉴스거리를 찾아 대화를 이어간다. 소위 말하는 '아이스 브레이킹ice breaking' 미션이다.

사람은 낯선 대상을 만나면 정서의 경계본능이 작동한다. 외면적으로는 웃고 있지만 내면적으로는 상대에 대한 정보를 탐색하느라 바쁘다. 정보탐색을 마치고 나면 그 데이터를 근거로 상대와의 정서거리를 판단한다. 일반적으로 공유할 대상이 많을수록, 자주 만날수록 정서거리는 더 빨리 좁혀진다. 여기서 말하는 정서거리는 친밀도다. 정서거리가 가까울수록 친근감이 높아져 마음의 경계를 풀고 속내를 더 많이 보여 준다. 따라서 아이스 브레이킹은 정서거리를 좁혀 가는 중요한 역량이다. 그런데 정서거리를 좁힌다는 말에는 '나'의 길과 '너'의 길이 서로 부딪치지 않도록 일정한 거리를 두고 가자는 의미가 깔려 있다. 이러한 맥락에서 보면 정서거리 좁히기 식의 인간관계는 소극적일 수밖에 없다.

가장 적극적인 인간관계 모형은 '좋은 사이'를 만들어 가는 것이다. '사이'는 '거리'와 다른 개념이다. 거리는 각자의 영역에 대한 존중에서 출발한다. 반면에 사이는 '나'와 '너'를 떠난 제3의 영역에서 출발한다. 그곳은 미지의 영역인 것이다. 사이는 기존의 나와 너의 길을 벗어날 때 잘 만들어진다. 사이는 가상의 정서공간이다. 그래서 있다가도 없어지고, 없어졌다가도 다시 생겨난다. 사이는 눈에 보이지 않는 에너지이기 때문이다.

과학의 눈으로 보면 사이는 포착하기 어렵다. 정서의 에너지는 직관으로 인식되며 그 힘은 무한하며 신비하다. 개인주의의 발달은 사이를 기르기에 어려운 환경이다. 사이는 개인주의의 중심 에너지인 나를 내려놓아야 하기 때문이다. 사이의 근력이 떨어지면 인간관계의 파편화현상이 생긴다. 너는 너고, 나는 나인 것이다. 이러한 파편구조에서는 관계를 지탱하는 에너지가 약해진다. 사람과 사람의 관계가 모래알처럼 흩어져 있어서 조금만 부딪쳐도 분노를 유발한다. 나와 너는 본래부터 이질적인 존재로 인식하기 때문이다. 오리지널한 사이는 제3의 가상 영역이기 때문에 그곳에서는 경쟁도 싸움도 무의미하며 분노를 흡수한다.

'우리 사이'는 어떤 사이?

사실 대한민국은 전통적으로 사이를 존중하는 민족이었다. 그 근거는 '우리'의 개념이다. 우리는 사이와 가장 흡사하다. 우리는 나와 너를 아우르는 총칭의 개념이다. 그래서 우리는 아들딸을 '우리 아들딸'로, 부인은 '우리 부인'이라 칭한다. 백화점에서 직원과 고객은 서로 언니, 어머니라고 부른다.

과거 한국 사람들은 초면인 사람에게도 개인의 사생활을 거침없이 물었다. 족보를 물었고 스승을 물었고 출신 지역을 물었다. 살림살이에 대해서도 물었고 배우자와 자식에 대해서도 꼬치꼬치 물었다. 우리는 모두가 한 가족이라 여겼기 때문이다. 이 공동체 속에서 서로 엉켜서 정을 만들어 왔던 것이다. 이러한 정 문화를 만들어 낸 우리는 한국적 정수이며 훌륭한 가치인 것만은 분명하다.

그러나 그것이 지나치게 집단화될 경우 개인에 대한 존중을 잃어버릴 가능성이 크다. 따라서 대한민국의 정서에 맞는 가장 이상적인 인간관계의 모형은 '우리 사이'의 개념이다. 우리 사이는 나와 너를 아우르는 제3의 사이이다. 이것은 나도 살리고, 너도 살리고, 우리도 살리는 개념이다. 사이가 가상공간이라면 우리 사이는 실존實存이다. 우리 사이는 갈등을 해결하는 러브 존love zone이며 피스 존peace zone이다. 우리 사이는 생각보다 큰 공간이다. 이 공간에서는 개개인이 추구하는 가치를 넘어 모두를 위한 가치를 기를 수 있다. 그래서 개인은 사라져도 우리 사이는 영원히 남는다. 따라서 에너지를 극대화하기 위해서는 이 실존의 공간을 인식하고 잘 가꾸어야 한다.

서른 개의 바퀴살이 한 곳의 바퀴통으로 모이는데, 그 속이 비어 있어야 수레로 쓸모가 있다.
찰흙을 빚어 그릇을 만드는데, 그 속이 비어 있어야 그릇으로 쓸모가 있다.

문과 창을 뚫어 방을 만드는데, 그 방 안이 비어 있어야 방으로 쓸모가 있다.
그러므로 있음이 이롭게 되는 것은 없음의 쓰임이 있기 때문이다.
『노자』 '도덕경' 11장 중에서

비어 있어야 쓸모가 있다는 이야기다. 기존의 문명구조는 빈 곳은 쓸모없다는 생각이 지배적이다. 예를 들어 도심 속에 조그마한 공간이라도 생기면 그 자리는 어느새 건물이 들어선다. 일정관리를 효율적으로 하기 위해 플래너를 쓸 때도 빈 곳이 있으면 왠지 불안하다. 강의를 들을 때도 마찬가지다. 빈틈없이 많은 노하우를 가득 알려주길 원한다. 언어도 행간의 틈을 무시하고 축약어가 빈번하게 사용된다. 교통과 통신의 경쟁력은 시간과 공간의 빈틈을 누가 빨리 메우는가가 기준이 되었다. 하지만 이제는 비어 있음은 낭비가 아니다. 빈 공간은 '사이'이다. 정서는 사이의 공간에서 자란다. 지친 현대인들은 정서가 자유롭게 놀 수 있는 빈 공간을 찾기 시작했다.

노자의 말대로 '없음'이 '쓰임'으로 전환하는 시대가 된 것이다. 가치는 변한다. 새로 떠오르고 있는 '우리 사이'의 가치를 대한민국에서 먼저 꽃피우고 그것을 세계 곳곳에 수출하는 그날이 오길 꿈꾸어 본다.

당신의 가정은 행복하십니까

가정은 가장 인간적인 공공체이다. 가정은 사람에게 1차적 욕구인 생리적 욕구와 문화적 욕구를 충족시켜주는 곳이자 존재감과 가계전승에 대한 원초적인 본능이 일어나는 곳이다. 또 인간의 고유 영역인 정서에너지를 만드는 보금자리기도 하다. 가정에 대한 개념이나 기능은 시대와 나라마다 다르다. 자연환경과 문화환경의 변천에 따라 가정에서 추구하는 가치와 욕구가 변하기 때문이다. 이러한 변화의 흐름을 잘 살펴 구성원들이 모두 행복할 수 있도록 이끄는 것이 바로 가정경영이다.

가정경영과 분노는 밀접한 관계를 맺고 있다. 인간에게 필요한

가정은 가장 인간적인 공공체이다.
가정은 사람에게 1차적 욕구인 생리적 욕구와
문화적 욕구를 충족시켜주는 곳이자
존재감과 가계전승에 대한 원초적인 본능이 일어나는 곳이다.

기본적인 욕구를 주고받는 1차적인 공동체이기 때문이다. 본래 인간의 정서는 더 가까이에 있는 사람에게 더 작은 것으로도 예민하게 반응하는 법이다. 가정 내에서 분노가 발생했다는 것은 가족구성원들의 자연본성에 대한 욕구가 어느 한쪽으로 쏠려 균형 있게 채워지지 않고 있다는 신호다. 이 욕구불만이 개선되지 않으면 정서의 자리에 상처가 남는다. 대개 성장 과정에서 분노를 제대로 해결하지 못하고 자란 사람이 결혼 후 배우자나 자녀에게 그 분노를 전가하는 경향은 그 상처의 영향이라 할 수 있다.

● 우리 집 가훈은 '나에게는 엄격嚴格, 너에게는 관용寬容, 우리에게는 감사感謝'이다. 작은 아이가 태어나고 큰 아이가 유치원에 입학할 때쯤 만들었다. 식구가 늘어나고 성장하는 것이 느껴지자 가장으로서 조직을 이끌어 가는 철학이 필요하다는 생각이 들었다. 가훈은 내가 고민해서 정리했고 아내와 논의 후 서예가에게 부탁하여 액자로 제작했다.

'나에게는 엄격'이란 특히 가정에서는 자칫 긴장이 풀어지기 쉽고 편안해서 자신과 가족들에게 소홀할 우려가 있기에 가정 내에서도 자기 자신을 관리하자는 뜻을 둔 것이다. '너에게는 관용'이란 가족구성원들끼리 저마다 가치를 존중해 주자는 의미다. 가족끼리 위계질서는 필요하지만 가치의 강요는 관심을 넘어 간섭으로 흐를 수 있다는 생각에서다. '우리에게는 감사'란 가족으로 만나서 함께 사는 것은 그 자체만으로도 늘 감사의 대상임을 알고 실천하자는 의미를 두고 만들었다.

거실 중앙에 걸려 있는 가훈은 지금까지 나름대로 우리 가정의 경영철학으로

이어지고 있다. 이 가운데에서 하나를 고르라면 가족에게는 '감사'해야 한다는 것이다. 감사感謝는 애정愛情의 문을 여는 열쇠이기 때문이다.

그동안 가정경영은 그 중요도에 비해 등한한 것이 사실이다. 하지만 이 시대의 가정문화는 바깥일에 못지않게 집안일도 중요하다는 인식을 요구한다. 특히 행복한 가정경영의 핵심은 감사感謝다. 가족구성원들끼리 감사하는 마음이 살아 있으면 소통이 잘 된다. 우선 우주만물 가운데 사람으로 태어나게 해 준 부모에게 감사하다. 좋은 환경에서 태어났건 나쁜 환경에서 태어났건 간에 사람은 다른 존재와 달리 자기 의지에 따라서 자기를 그려 나갈 수 있는 자유를 가지고 있다. 성장할 수 있는 자유는 모든 인간에게 하늘이 준 가장 공평한 선물이다.

또한 사람으로 활동할 수 있도록 보살펴 준 사람에게 감사하다. 인간은 태어나서 스스로 걷기 전까지는 누군가의 도움을 반드시 받아야 한다. 이때 도움을 준 사람에게 고마움을 잊어서는 안 된다. 그 이후에도 사람이 갖추어야 할 요소들을 하나하나 가르쳐 준 사람들에게 감사하다.

지구상의 많고 많은 사람 가운데 나와 만난 배우자에게 감사하다. 배우자와의 사랑은 하나 되는 우주의 질서를 체험하는 기쁨이다. 하나 됨의 훈련은 다른 존재를 받아들일 수 있는 공간을 넓히는 작업이다. 그 공간에서 자식이 잉태된다. 그래서 자식에게도 감사하다. 자식은 나의 하나 됨을 넓혀 주는 거울이다. 자식의 성장과정을 지켜보면서 자기自己의 닫힌 곳이 하나씩 보이기 시작한다. 자식 키우기가 어려운 것은 자기의 닫힌 문을 깨기가 두렵기 때문이다. 자식에게 감사하는 사람은 자기변화에 두려움이 없는 사람이다.

그리고 가족 구성원들끼리 사랑을 맺을 수 있는 시공간에 감사하다. 러시아워 때 북적거리던 그 많은 사람들은 때가 되면 어디론가 사라진다. 자연은 인간에게 피곤함을 주어 때가 되면 쉴 곳으로 향하도록 설계했다. 늙고 힘들고 병들면 받아 줄 안식처, 그곳이 가정이다. 가정은 그저 감사할 따름이다.

가정경영의 핵심은 '정'

변하는 게 가정의 모습이라지만 가장 한국적인 가정의 정서는 정情에서 찾아야 하지 않을까 하는 생각이 든다. 정은 따뜻해서 차가워진 마음을 녹여 준다. 정은 포근해서 부족한 것도 감싸 준다. 정은 주고 싶어서 빈 곳을 채워 준다. 정은 넉넉해서 작은 것을 포용한다. 정은 편안해서 닫힌 마음을 열어 준다. 정은 한 마음이라서 서로 다른 생각을 흡수한다. 정은 아름다워서 결점도 예뻐 보인다. 정은 밝아서 고개 숙인 자에게 희망과 용기를 준다. 정은 살리기를 좋아해서 시기와 질투를 삼킨다. 이러한 정의 가치를 회복하고, 그것을 가장 가까이에 있는 가족들과 함께 나눌 수 있도록 이끄는 사람은 가정경영의 달인이라 할 것이다.

나무는 속삭였습니다.

"와서 나랑 놀자."

"난 너무 나이가 들고 비참해서 놀 수가 없어."

소년이 말했습니다.

"배가 한 척 있었으면 좋겠어. 멀리 떠나고 싶거든. 내게 배 한 척 마련해 줄 수 없겠어?"

"내 줄기를 베어다가 배를 만들렴."

나무가 말했습니다.

"그러면 너는 멀리 떠나갈 수 있고 행복해질 수 있을 거야."

그러자 소년은 나무의 줄기를 베어 내서 배를 만들어 타고 멀리 떠나 버렸습니다.

그래서 나무는 행복했지만 정말 그런 것은 아니었습니다.

오랜 세월이 지난 뒤에 소년이 다시 돌아왔습니다.

"얘야, 미안하다. 이제는 너에게 줄 것이 아무것도 없구나. 사과도 없고."

"난 이가 나빠서 사과를 먹을 수가 없어."

소년이 말했습니다.

"내게는 이제 가지도 없으니 네가 그네를 뛸 수도 없고."

"나뭇가지에 매달려 그네를 뛰기에는 난 이제 너무 늙었어."

소년이 말했습니다.

"내게는 줄기마저 없으니 네가 타고 오를 수도 없고."

"타고 오를 기운도 없어."

소년이 말했습니다.

"미안해."

나무는 한숨을 지었습니다.

"무언가 너에게 주고 싶은데 내겐 남은 것이 아무것도 없다. 나는 그저 늙어 버린 나무 밑동일 뿐이야. 미안해."

"이젠 나도 필요한 게 별로 없어. 그저 편안히 앉아서 쉴 곳이나 있었으면 좋겠어. 난 몹시 피곤하거든."

소년이 말했습니다.

"아, 그래."

나무는 안간힘을 다해 몸뚱이를 펴면서 말했습니다.

"자, 앉아서 쉬기에는 늙은 나무 밑동이 그만이야. 얘야, 이리로 와서 앉으렴. 앉아서 쉬도록 해."

소년은 그렇게 했습니다.

그래서 나무는 행복했습니다.

쉘 실버스타인 『아낌없이 주는 나무』 중에서

이 작품을 표면적으로만 보면 나무는 일방적으로 주는 행복을, 소년은 받는 행복을 추구한다. 주고받음이 공정해야 하는 현실의 눈으로 보면 불합리한 짝사랑이다. 그러나 사랑의 본질적 관점에서 보면 나무의 주는 행복은 아름답다. 가족에게는 오직 줄 뿐이다. 받는 것을 전제로 주면 분노가 생긴다. 계산에 착오가 생기기 때문이다. 다만 줄 때에는 반드시 그 대상을 살릴 수 있는 것을, 살릴 수 있을 때, 살릴 수 있는 만큼 주어야 한다.

맹목적으로 채워 주는 것은 도리어 양쪽에 분노를 낳는다. 이러한 상황에서는 받으면서도 주는 사람에게 탓할 수 있는 구조이기 때문이다. 가정경영이 어려운 이유는 가족구성원들 사이에 오고 가는 정서의 흐름을 읽고 서로 치우치지 않은 중용의 판단을 내리는 것이다. 정서는 눈에 보이지 않지만 분위기를 타고 가슴속에 다가온다. 그 정서가 마음에 들면 다행히 통과하여 사라지지만 마음에 들지 않으면 가슴속에 잔상으로 남는다. 그 잔상이 쌓이면 소통에 장애가 생기고 그 잔상이 더 깊어지면 분노로 표출된다. 가정은 행복의 열매를 딸 수 있는 최고의 나무이다. 그러나 그 열매의 양과 질은 경영자의 손에 달려 있다.

사장님,
오늘부터 정직 챙기세요

은행에 다니는 사람은 언제까지 근무할 수 있을지 고민한다. 공직에 있는 사람은 정년을 손꼽아 기다리고, 자영업에 종사하는 사람은 하루하루 매출에 예민하다. 농사를 짓는 사람은 날씨에, 무역회사에 다니는 사람은 국제정세를 읽느라 매일매일 신경이 날카롭다. 재테크를 하는 사람은 정부정책 변화에 촉각을 곤두세우고, 정확한 정보를 얻기 위해 분초의 시간도 아낀다.

예술 활동을 하는 사람은 이상의 길과 현실의 길에서 늘 방황한다. 정치가는 이미지 관리 때문에 머리가 아프고, 연구소에 근무하는 사람은 결과의 오차범위를 줄여야 한다는 생각에 신경이 날카롭다. 영업, 홍보직에 종사하는 사람은 새로운 아이디어를 찾느라 분주하다. 의사는 날로 까다로워지는 환자들 때문에 입이 마른다.

누구에게나 일은 피곤하다. 그리고 피곤이 쌓이면 분노로 발전한다. 직장인 서넛만 모여도 직장생활에 대한 얘기가 빠지지 않는다. 보통 직장에서의 즐거운 이야기보다는 힘든 이야기를 더 많이 한다. 서로에게 털어놓으며 직장생활에 대한 분풀이를 하는 것이다. 기업은 CEO의 리더십이 조직원들의 분노지수를 좌우한다. 책임전가와 변덕 그리고 조직원의 의견보다 외부의 이야기를 더 신뢰하려는 태도 등이 분노지수를 높이는 대표적인 사례다. 그렇다면 100세 시대를 살아가야 하는 현대인들이 좀 더 행복하게 일할 수 있는 방법은 없을까?

일의 본질적인 의미는 받은 것을 되돌려주는 행위다. 사람은 누군가의 도움을 받으며 살아간다. 기본적으로는 먹고, 입고, 잠자고, 놀고 배워야 한다. 또한 산소를 마시고, 물을 먹고, 빛을 보아야 살 수 있다. 그리고 사람과 자연과 하늘에 받은 것은 돌려줘야 할 빚이다. 빚은 빌린 것이므로 그 빚을 갚는 것이 일이다. 집안일도 일이고 직장에서 하는 일도 일이다. 그 빚을 인식하고 서로가 서로에게 받은 만큼 갚으면 경제의 선순환이 일어나 부유하고 풍요로운 사회가 된다.

그러나 그 빚을 갚지 않거나 다른 사람에게 전가시키려는 사람들이 많은 사회는 돈이 돌지 않는다. 돈은 어리숙하게 보여도 정직하다. 돈은 주인에게 가면 그 주인을 살리지만 도둑에게 가면 그 도둑을 죽인다. 돈은 빚을 갚는 것에 대한 보상이다. 빚을 많이 갚으면 돈은 정당하게 쌓인다. 이것이 일의 처음 마음이다. 처음 마음으로 일을 하는 사람은 행복하다. 그것은 일을 통해서 자기 자신의 존재 이유를 매순간 확인할 수 있기 때문이다.

빚을 갚는 데도 법칙이 있다. 학교생활은 빚을 잘 갚기 위한 준비기간이다. 빚을 갚을 때 기본적으로 고려해야 할 몇 가지를 점검하면 다음과 같다.

첫째는 줄 대상을 정확하게 찾아야 한다. 누구에게 줄 것인지에 따라서 준비의 방향이 정해지기 때문이다. 하늘에 줄 것인지, 땅에 줄 것인지, 사람에 줄 것인지 빈 곳을 구체적으로 발견해야 한다.

둘째는 그 대상에게 무엇을 줄 것인지 메뉴를 정해야 한다. 대상을 면밀히 살피면서 필요한 것이 무엇인지 발견하는 것이다.

셋째는 그 대상에게 필요한 것을 언제 줄 것인지 타이밍을 포착해야 한다. 타이밍은 너무 빠르거나 너무 늦어도 그 효과는 반감된다.

넷째는 그 대상에게 필요한 것을 얼마만큼 줄 것인지 양을 정해야 한다. 양이 너무 많거나 부족해도 만족도는 떨어진다.

다섯째는 그 대상에게 필요한 것을 어떤 방식으로 줄 것인지 적합한 방법을 찾아야 한다.

똑같은 것이라도 주는 방법에 따라서 받는 이의 품위가 달라진다. 기존의 학교생활에서 가르치고 배우는 것은 일의 처음 마음과는 거리가 멀다. 빌려 쓴 것은 창피한 것이 아니다. 창피한 것은 빌린 줄을 모르거나 알면서도 그 빚을 갚지 않는 데 있다. 이제는 일에 대한 처음 마음을 정직하게 가르치고 배워야 할 때다.

정직하면 생기는 일

직장경영의 핵심가치는 정직이다. 특히 글로벌 경제시대에 정직은 경영의 경쟁력으로 꼽힐 정도로 중요도가 높다. 이유는 크게 세 가지다.

첫 번째는 일의 개념이 변하고 있기 때문이다. 기존의 일은 재화와 용역을 경제활동의 '도구'로 인식하고 그 도구 자체를 생산하고 유통하는 것에 초점을 두었다. 반면 변화하고 있는 일의 개념은 기존의 도구에 '가치'를 생산하고 유통하는 것으로 옮겨가고 있다. 경제의 축이 '도구'에서 '가치'로 바뀌고 있는 것이다. 가치는 정직에서 빛을 발한다. 따라서 정직경영은 지속가능한 성장경영의 모델이 된다.

두 번째는 경제를 주도하는 축이 바뀌었다는 점이다. 기존의 경제는 기업이 주도했다. 그러나 소셜네트워크의 발달이 경제의 주도권을 소비자에게 넘겨줬다. 소셜네트워크는 권력과 언론으로부터 기업을 분리하기 시작했으며, 소비자들은 네트워크를 통해 기업의 정직여부를 평가, 필터링하고 있다. 기업 입장에서는 정직경영만으로 충성고객을 확보할 수 있는 길이 열린 셈이다.

세 번째 전문가 집단의 논리적 예측보다는 집단지성의 직관예측이 시장을 이끌고 있다는 점이다. 경영은 예측이 성패를 가른다. 기존의 전문가 집단은 자기 영역에 대한 방어벽이 두터워 폐쇄적일 수밖에 없다. 그러나 다수의 의견이 결집하는 집단지성은 정보의 들어오고 나감이 자유로워 변화에 민첩하게 대응할 수 있다. 따라서 정직경영은 집단지성에 비교적 호의적이기 때문에 더 정확한 예측을 기대할 수 있고, 정직은 손해라는 기존의 경영모형은 시간이 갈수록 어려움에 직면할 것이다.

안정된 것은 지니기 쉽고, 조짐이 없는 것은 처리하기 쉽다.
무른 것은 풀어지기 쉽고, 미세한 것은 흩어지기 쉽다.
일은 생기기 전에 처리하고, 뒤틀리기 전에 대비한다.
아름드리나무도 털끝 같은 싹에서 생기고 9층 누대도 삼태기 흙에서 쌓아졌으며 천 리 길도 발밑에서 시작된다.
잘 하려는 사람은 실패하고, 꽉 잡으려는 자는 놓친다.
그러므로 성인은 잘 하려고 하지 않으므로 실패하지 않으며, 집착하지 않으므로 잃지 않는다.
사람들은 일을 할 때 언제나 일이 다 될 즈음에 실패한다.
끝을 조심하기를 처음처럼 한다면, 실패하는 법이 없다.
그러므로 성인은 욕심이 없기만을 바라고, 얻기 어려운 보물을 귀하게 여기지 않으며, 지식이 아닌 배움을 배워서 뭇 사람들이 잘못하는 바를 회복하여 만물의 자연을 도울 뿐 감히 인위적으로 하지 않는다.

『노자』 '도덕경' 64장 중에서

노자는 내 마음 안을 잘 보면 처음과 끝을 알 수 있다고 한다. 가령 호박씨 안에는 이미 호박의 일생이 다 들어있는 것과 같은 이치다. 호박씨는 흙과 수분, 공기, 빛 등 성장할 수 있는 조건을 만나면 스스로 싹을 틔우고 자란다. 줄기를 뻗고 꽃을 피우고 또다시 아름드리 호박을 잉태시킨다. 처음의 호박씨는 일생을 거쳐 다시 호박씨로 끝을 맺는다.

사람도 마찬가지다. 우리의 마음은 동기의 조건이 되면 '운동'을 시작한다. 운동은 '변화'를 가져오고, 변화는 새로운 '창조'를 낳는다. 이런 창조를 거듭하는 것이 경제활동이다. 그런데 대부분의 사람들은 천성과 자기본분에 만족하지 못하고, 더 큰 것, 더 높은 것, 더 빠른 것 등을 찾아 나선다.

노자는 이것을 인위적이라 표현한다. 지식, 보물, 집착, 욕심 등은 처음부터 내 마음 안에 있었던 것은 아니다. 대개 초심은 균형을 전제로 한 정직한 마음이기 때문에 예측이 가능하고 그래서 실패하는 법이 없다. 하지만 시간이 경과하여 인위적인 것들이 마음에 들어와 자리를 차지하는 순간, 정직하지 못한 욕심의 마음 때문에 그 끝을 알 수 없게 된다.

노자의 논리대로라면 불확실한 시대는 우리가 스스로 자청한 것이다. 왜냐하면 내 마음 밖에 있는 알 수 없는 것을 취하려는 욕심에 빠져들었기 때문이다. 그래서 성인들은 내 안에 있는 정직으로 만물의 자연본성을 도울 뿐 감히 밖에 떠다니는 인위적인 일을 도모하지 않는 것이다.

노자는 하늘의 소리와 땅의 소리와 사람의 소리를 정직하게 듣고 따르라고 한다. 지나쳐버리기 쉬운 일상의 흔한 이야기 속에서 정직경영의 지혜를 들을 때다. 세상은 결국 정직을 실천하는 사람에게 지혜의 선물을 안겨 준다.

과거는 과거일 뿐

일본 고지마는 자연생식지 연구로 잘 알려져 있는 아담한 섬이다. 그 섬에는 약 100마리 정도의 야생 원숭이가 생식하고 있었다. 교토대학 영장류 연구소에서는 원숭이들에게 흙이 묻은 고구마를 먹이로 주었다. 그러던 어느 날 어떤 원숭이 한 마리가 우연히 고구마를 바닷가에 떨어뜨렸다. 원숭이는 깜짝 놀라며 고구마를 얼른 주워서 밖으로 나와 살피더니 먹기 시작했다. 그런데 바닷물에 씻긴 고구마의 맛이 좋았는지 계속 같은 행동을 반복했다.

시간이 지나면서 그를 따라 하는 원숭이가 늘어났고, 마침내 그 섬의 모든 원숭이들이 고구마를 씻어 먹게 되었다. 이후 처음 한 마리의 원숭이가 고구마를 씻어 먹은 때로부터 100여 마리의 모든 원숭이가 바닷물에 씻어 먹는 데까지 50년이 걸렸다는 설, 다른 섬에 살면서 이들과 접촉이 없던 원숭이들도 이들처럼 고구마를 씻어 먹는 현상이 나타나게 되었다는 설, 그 행동이 10여 년 동안 지속되다가 사라졌다는 설 등 다양한 설이 떠돌았다.

어쨌거나 여기서 중요한 것은 수천 년 동안 그냥 먹었던 고구마를 씻어 먹는 문화로 전환했다는 점이다. 문화적 습관을 바꾼다는 것이 결코 쉬운 일은 아니다. 문화는 학습되고 공유되며 총체적이며 축적하려는 속성이 있다. 그러나 앞서 말한 원숭이 이야기는 문화적 습관의 변동은 소수의 터닝메이커에 의해서 상당한 시간이 흘러야 바뀐다는 교훈을 준다.

● 은지 씨는 요즘 남편 예준 씨 때문에 하루하루가 스트레스다. 예준 씨가 일곱 살 유치원생 아들에게 공부를 강요하며 매일매일 폭언과 폭행을 일삼고 있기 때문이다. 심지어 밥을 먹을 때도 잠시도 쉬지 않고 학습지 시험 결과를 추궁했다. 은지 씨는 도저히 안 되겠다는 판단이 들어 예준 씨에게 상담을 권했다.

상담 결과 예준 씨의 부정적인 어린 시절이 원인인 것으로 나타났다. "만약 당신이 유치원 시절로 돌아간다면 무엇을 하고 싶습니까?"라는 전문가의 질문에, 예준 씨가 "자기는 여섯 형제 가운데 셋째인데 가정형편이 어렵다는 이유로 공부의 때를 놓치게 한 부모님이 지금도 가장 원망스럽습니다."고 말했다. 그리고 그는 자녀에게 자기처럼 후회와 원망의 삶을 살지 않게 하려고 최선을 다하고 있을 뿐이라고 덧붙였다.

“

보살아, 세 가지 큰 일에 대해서

그 마음을 경책하고,

세 가지 큰 진리에

그 행위를 들여보내야 한다.

정서창고에 배움이라는 결핍의 씨앗을 부정적으로 판단하고 습관화해 결국 분노표출이라는 결과를 초래하고 있는 사례다. 정서情緖는 인간만이 느끼는 독특한 감정 영역이다. 개인이든 집단이든 정서가 모여 일정한 형식을 갖추게 되면 '정서문화'라고 표현한다. 정서문화는 행복과 불행을 가르는 기준이기도 하다.

정서문화와 가치근력의 상관관계

정서문화는 주관과 객관, 몸과 마음, 물질과 정신, 개체와 전체, 시간과 공간을 넘나들며 빚어내는 가치근력이다. 가치근력이 튼튼한 사람은 행복지수가 높다. 가치근력은 정서조절의 습관에서 길러진다. 사람은 정자와 난자의 수정 이후부터 정서가 작동한다. 산모를 통하여 간접적으로 외물과 접촉하게 된다. 소리, 날씨, 음식, 기분, 정보 등을 맛보고 소화하며 기억한다. 세상 밖에 나와서는 더욱 적극적인 접촉을 시도한다. 시각, 청각, 후각, 촉각, 미각의 감각기관을 부리며 가치가 있다고 여기는 것들은 정서의 창고에 저장해 둔다.

정서조절이란 정서의 창고에 무엇을 남기고 무엇을 버릴 것인지의 판단능력이다. 대개 가치는 결핍의 욕구를 충족하려는 데서 발생한다. 땀을 많이 흘려 염분의 농도가 진해지면 갈증이라는 신호를 통해 물을 끌어당긴다. 항상성을 유지하려는 몸의 입장에서는 이때 물이 필요하며 주위에 물의 공급원이 열악할수록 희소가치는 더욱 커진다.

나에게 가치가 있다고 여기는 것은 상대적으로 그것이 나에게 부족하다는 신호다. 사람은 자기에게 부족하다고 여기는 것을 정서창고에 저장하려는 속성이 있다. 정서창고에 저장되어 있는 것, 그것은 의식적이든 무의식적이든 아직도 결핍의 상태로 잠재하고 있는 것이다.

여기서 주시해야 할 부분은 정서문화의 변동성이다. 개인이든 집단이든 정서문화는 시간과 공간에 따라서 변화한다. 과거에 어떤 상황에서 물이 없어 고생을 했다고 해서 지금도 물통을 들고 다닐 필요는 없는 것이다. 정서조절 능력이 탁월한 사람은 그 변화를 잘 읽고 주도한다. 그러나 정서문화의 변화에 둔감한 사람은 인간관계에서 늘 부딪치고 갈등을 유발한다. 예준 씨의 경우 정서창고에 남아 있는 배움이라는 결핍의 씨앗을 현재의 시간과 공간을 지각하고 판단해 지금부터라도 배움의 결핍을 충족할 만한 도전의 기회를 만들어 나가면 된다.

부처님께서 말씀하셨다.
"보살아, 세 가지 큰 일事에 대해서 그 마음을 경책하고, 세 가지 큰 진리에 그 행위를 들여보내야 한다."
지장보살이 말하였다.
"무엇이 세 가지 일事에 대해서 그 마음을 경책하는 것이며, 무엇이 세 가지 진리에 한결같은 행위로 들어가는 것입니까?"
부처님께서 말씀하셨다.

"세 가지 일事이라는 것은 첫째는 인因이고, 둘째는 과果며, 셋째는 식識이다. 이와 같은 세 가지 일은 본래부터 공空하여 나의 진아眞我가 아니니, 어째서 이것에 대해서 애착을 내겠는가? 이 세 가지 일이 계박에 의하여 흔들려 고해苦海에 표류함을 관찰하여, 이와 같은 일로써 항상 스스로 경책해야 한다. 세 가지 진리라는 것은 첫째는 보리의 도道로서, 평등한 진리이지, 평등하지 않은 진리가 아니고, 둘째는 대각大覺으로서, 바른 지혜로 얻은 진리이지, 거짓된 지혜로 얻은 진리가 아니며, 셋째는 지혜와 선정으로, 다름이 없는 행위로 들어간 진리이니 잡된 행위로 들어간 진리가 아니다. 이러한 삼제로써 불도를 닦으면 이 사람은 이 법에 대해서 정각正覺을 얻지 아니함이 없고, 정각의 지혜를 얻어서 매우 큰 자비를 흘려보내니, 자기와 남을 모두 이익되게 하여 부처님의 깨달음을 이루게 된다."

『금강삼매경』 중에서

부처는 인因과 과果와 식識의 구조를 잘 알면 과거나 미래에 매이지 않고 현실에 집중할 수 있다고 말한다. 인은 과거의 분노대상이고 과는 분노의 상처이며 식은 분노의 기억이다. 사람은 과거의 분노를 해소하지 못하여 그것이 현재와 미래의 삶을 고통으로 이끈다는 것이다.

정서문화는 내 삶의 시공간이다. 누구도 대신할 수 없는 나만의 고유 영역이다. 그 밭을 일구는 재료는 정서창고에 남아 있는 결핍의 씨앗이다. 그 씨앗은 과거에 뿌려진 것이지만 '지금', '여기', '나'

에서 해석하고 판단하여 긍정의 결실을 맺어야 한다. 특히 분노로 인해서 상처받은 흔적은 반드시 꺼내어 치유해야 한다. 그 상처는 정서조절 능력의 가장 큰 방해꾼이기 때문이다. 분노로 인한 화상火傷은 인간의 정서를 보는 관점과 정도에 따라서 처방과 치료가 각양각색이다.

내 킹핀은 어디에

'킹핀king pin'은 결정적인 요소를 가리키는 말이다. 볼링에서 스트라이크를 치려면 1번 핀에 조준하는 것이 아니라 5번 핀을 맞춰야 한다. 볼링에서 킹핀 볼은 5번 핀인 것이다. 아마존 밀림에서 벌목한 나무는 강물에 띄워 아래로 내려 보낸다. 나무들이 강물을 타고 내려오다 굴곡이 있는 곳에서 서로 뒤엉켜 꼼짝달싹 못하는 경우가 발생한다. 이때 복잡하게 뒤엉켜 있는 나무들 사이에서 엉킴의 원인이 되는 한 나무만 건드려주면 모든 나무들이 다시 순조롭게 흘러 내려간다. 아마존 밀림에서 뒤엉켜 있는 많은 나무들 가운데 그 물코를 트는 결정적인 단 하나의 나무가 킹핀이다.

복잡하게 뒤엉켜 있는 세상 문제를 풀어가는 킹핀은 무엇일까? 사람이면 누구나 삶의 킹핀을 원하지만 손에 넣기 쉽지 않다. 인생의 킹핀은 치열한 경험과 집요한 고민 속에서 깨달아 가는 긴 역사의 길목에 숨이 있다. 그 길은 어렵고 힘들다. 그래서 출발조차 하지 못하거나 중도에 포기하는 사람들도 많다. 하지만 그런 사람들은 아마도 인생의 킹핀을 너무 멀리서 찾으려는 욕심의 결과가 아닐까 생각한다.

분노를 키우는 것도 다스리는 것도 모두 내 몫

내 인생의 킹핀을 찾기 위해서는 내 안에 있는 정신(얼)부터 잘 살펴야 한다. 한 인간으로 태어나 우여곡절과 산전수전을 겪으면서도 놓지 말아야 할 것이 얼이다. 얼은 그 사람의 에너지이며 모습이다. 얼이 빠지거나 혼미해지면 세상살이가 어려워진다. 반대로 얼이 똑바로 서 있으면 어려운 문제도 쉽게 해결할 수 있다. 옛말에 호랑이 굴에 들어가도 정신만 차리면 살 수 있다고 하지 않았는가. 얼은 그 사람의 혼불이다.

일상의 언어에서도 그 중요도를 확인할 수 있다. 언어 해석학적 관점에서 몇 가지 예를 들어보면 얼굴은 '얼이 담긴 굴'이다. 그래서 동물에게는 얼굴이라 부르지 않는다. 얼은 인간과 동물을 가르는 기준이다.

사람을 부르는 호칭에서도 얼은 기준이 된다. 어린이는 '얼 이른' 즉, 얼이 아직 이르다는 의미가 있다. 어른은 '얼든' 즉, 얼이 가득하다는 뜻이다. 어르신은 '얼이신'의 단계에 올랐다는 의미로 해석할 수 있다. 얼의 무게에 따라 사람의 가치를 구분하려는 모습도 엿볼 수 있다. '얼떨결에'라는 말은 '얼이 떨리는 상태'를, 어리석다는 말은 '얼이 썩었다'는 뜻이 담겨 있다. 이밖에도 얼간이, 얼차례, 얼싸안다 등 얼과 관련된 일상용어는 무궁하다. 얼은 이처럼 사람이 가야 할 마땅한 길을 가늠하는 용어로 부지불식간에 사용되고 있다.

얼이 맑고 깨끗한 사람은 화가 접근하지 못한다. 반면 얼이 모나고 까칠한 사람은 화가 잘 붙는다. 그럼 누구의 얼이 깨끗하고 누구의 얼이 까칠할까? 그것은 관계의 킹핀을 내 안에서 찾느냐 아니면 밖에서 찾느냐에 달려 있다. 관계의 킹핀을 내 안에서 찾는 사람은 대상과 문제가 발생할 때마다 자기 얼을 닦는다. 자기 얼을 닦는 것과 내 탓을 하는 것은 다르다. 자기 얼을 닦는다는 것은 스스로 깨우친다는 의미인 반면 내 탓을 하는 것은 자기방어벽을 치는 것에 가깝다. 내 탓이든 남의 탓이든 탓은 탓이다. 탓은 관계의 킹핀을 나의 밖에서 찾는 전형적인 모습이다.

따라서 화에서 벗어나려면 탓하는 습성부터 버려야 한다. 화를 잡는 것도, 그 화를 키우는 것도, 화를 흘려보내는 것도, 내 안에 있는 화를 제거하는 것도 결국은 '나'라는 사실을 명심하자.

나에게 무엇이 담기든 마음 쓰지 않을래
밥이면 어떻고 국이면 술이면 또 어떻노

담기면 담기는 대로
비워지면 빈 대로
도공의 손끝에서 빚어지고 구워질 땐
뭔가 될 줄 알고 과한 꿈도 꾸었지만
볼품도 내세울 것도 없는 난
태생부터 막사발인걸

어차피 내 뜻대로 만은 풀리지 않는 세상
팔자려니 운명이려니 그저 그런 양하며
몸뚱이 성한 것 하나
큰 밑천으로 삼지, 뭐

이경옥 「막사발」 중에서

막사발은 자기 비움의 철학을 전해준다. 나에 대한 집착은 필요 이상으로 타인을 의식하는 데서 출발한다. 배움에 있어서도 진리의 깊이보다는 학력이라는 외형에 더 많은 시간, 돈, 에너지를 쏟는다. 배우자를 선택할 때도 그 사람의 내면의 가치보다 외모, 학벌, 직업에 더 비중을 두고 직업을 선택할 때도 내적인 만족보다 외적 조건에 더 무게를 둔다.

물론 사회적 존재로서 세상의 가치를 등지고 살 수는 없다. 그러나 그 세상이 나의 삶을 책임져 주지는 않는다. 보여주기 위한 집착은 시간이 지나면 하나씩 사라져간다. 최종적으로 남는 것은 '보이는 나'가 아니라 '살아가는 나'이다. 그래서 자기경영의 이치를 아는 사람은 '살아가는 나'에 정성을 들인다. 그 속에서의 행복이 가장 달콤하고 영원하다는 확신이 있기 때문이다. 살아가는 나에 충실한 사람이 많아질수록 대한민국의 화와 분노도 줄어들 것이다.

PART 2

우리가 분노하는 '진짜' 이유

누군가를 아끼는데도 친해지지 않으면
자기의 인仁을 반성하고,
남을 다스려도 다스려지지 않으면
자기의 지智를 반성하고,
타인에게 예를 행했는데도 답례가 없으면
자기의 경敬을 반성해 보아야 한다.

『맹자』 '이루상' 중에서

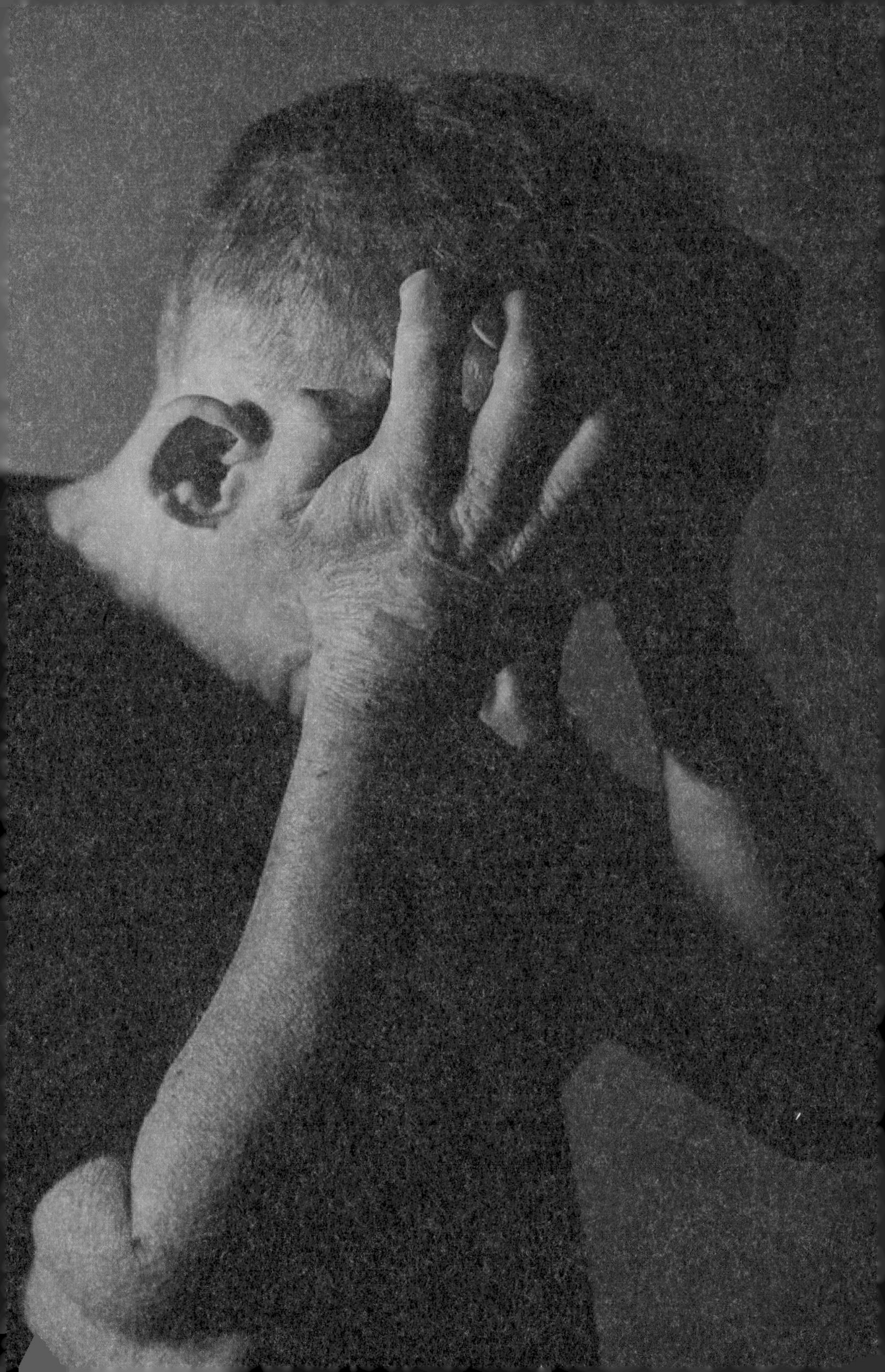

不성실 분노 유형

불성실한 나 그리고 너

살다보면 가끔 뭐에 홀린 것 같은 날이 있다. 준호 씨에게 지난주 토요일이 딱 그랬다. 무심결에 성인오락게임 스팸 메시지에 확인 버튼을 눌렀고, 호기심에 성인 인증 확인 절차에 필요한 주민번호를 넣었다. 대략 10초나 흘렀을까. '이걸 왜 하고 있을까' 하는 생각이 들어 얼른 종료를 누르며 아내에게 상황을 얘기하자, 아내는 '요즘 같은 세상에 무슨 일을 당할지 알고 주민 번호를 넣었느냐'며 버럭 화를 냈다.

순간 너무 찜찜해 다시 열어 이용 약관을 살펴보는 순간 준호 씨는 '아차' 했다. 무료체험 3일 후부터는 고객의 취소가 없으면 유료로 전환된다는 문구가 적혀 있었기 때문이다. 얼른 컴퓨터를 켜고 사이트에 들어가 봤지만 취소할 수 있는 항목을 찾을 수가 없었다. 통화도 시도했지만 수화기를 내려놓은 신호음만 나올 뿐이었다.

급한 대로 이동통신사에 소액결제 중지 요청을 신청하려고 연락을 취했지만 토요일과 일요일은 해당 업무를 볼 수 없으니 월요일에 다시 연락하라는 대답이 돌아왔다. 답답한 마음에 상담원을 붙잡고 부당 결제 문제인데 이런 사항은 휴일에도 처리해줘야 하지 않느냐고 따졌지만 본인의 업무사항이 아니라 죄송하다는 말만 반복했다. 사이버 경찰서에 연락을 취하니 주소가 있으면 직접 처리하거나 방송통신위원회에 연락해 보라고 했고, 방송통신위원회에서도 역시 휴일에는 업무를 보지 않는다는 음성만 흘러나왔다. 준호 씨는 갑자기 분노가 올라오기 시작했다.

준호 씨의 분노는 '不성실 분노 유형'에 해당한다.

어느 쪽이든 성실하지 못하면 분노가 일어난다. 아내가 버럭 화를 냈던 것은 내 생각 없음에 대한 불성실을 알려주는 언행이다. 작은 실수이고, 그냥 지나칠 수 있는 일이지만 생각해 보면 사소한 일이 아니다. 이런 상황을 별일 아닌 듯 지나쳤다면 아내 역시 불성실이다. 상대방의 불성실을 보면 즉시 알려야 한다. 자극을 줘야 긴장을 하고 성실을 유지할 수 있다.

고객의 입장에서 보면 이동통신사 역시 불성실했다. 결제서비스 같은 문제는 휴일이라도 업무를 보는 게 정상이다. 방송통신위원회도 불성실했다. 대개 이런 사기성 문제는 야간이나 휴일에 더 많이 발생한다. 그러한 특성을 고려해 휴일과 야간에 업무배치를 하는 것이 맞다. 하지만 위 사례에서 가장 불성실한 대상은 성인게임업자다. 상거래는 계약이 생명이다. 약관 동의 과정도 없었고, 정당한 계약이 아니면 취소할 수 기회를 줘야 하는데 원천적으로 봉쇄했으니 이것은 엄밀히 말하면 속임수다.

이처럼 불성실은 모두에게 피해를 주기 때문에 그것을 발견하고 예방과 치료를 할 수 있도록 분노는 자신의 본분인 성실誠實의 역할을 다한다. 성실은 그 일의 목적을 알고 정성을 다해 결실을 맺는 것을 말한다. 성실은 근면과 다르다. 근면은 '주어진 일에 매진하는 행위' 자체를 일컫는다. 그러나 성실은 '그 일의 목적을 알고 정성을 다해 결실을 이루는 것'까지를 포함하는 말이다.

위 사례에서 이동통신사 직원은 근면했다. 그러나 성실하지는 않았다. 고객의 불만을 최소화하기 위해 노력하는 모습은 조금도 찾아볼 수 없었다. 죄송하다는 매뉴얼 립 서비스만 반복했을 뿐 소비자가 무엇을 고민하고 있는지 궁금해하지 않았으며, 이런 상황에서 응급대응을 어떻게 해야 하는지 알지 못했다.

사이버경찰서도 마찬가지다. 근면했을지는 모르나 성실하지는 않았다. 방송통신위원회가 휴일에는 업무를 보지 않는다는 것을 알았든 몰랐든 국민의 불편함을 해소할 수 있는 고민의 여지가 전혀 없었다. 성인게임업자 역시 돈을 벌기 위해 머리를 쓰느라 고생은 했겠지만 성실하다고는 말할 수 없다. 결국 인터넷 상거래에 대한 불신만 키워 스스로 자기사업장의 범위를 좁혀 나가는 꼴이 되었기 때문이다.

분노의 상당 부분은 '不성실 분노 유형'에 속한다. 성실은 모든 인간관계의 기본이기 때문이다. 분노의 원인이 불성실에서 비롯되고 그렇게 판단이 되면 분노의 주체와 객체를 둘러싼 불성실의 모습들을 구체적으로 들추어 꺼내야 한다. 그 순간은 불쾌할지 모르지만 결과적으로는 그것들이 서로의 좋은 관계를 지속적으로 유지시켜 준다.

자로가 말했다
"군자는 용기를 숭상합니까?"
공자가 대답했다.
"군자는 의義를 으뜸으로 삼는다. 군자가 용기만 있고 의가 없으면 반란을 일으키고, 소인이 용기만 있고 의가 없으면 도둑질을 하게 된다."
『논어』 '양화'편 중에서

여기서 용기는 근면에 가깝고 의는 성실에 가깝다. 용기가 중요한 덕목인 것은 사실이지만 의가 뒷받침되지 않으면 나쁜 길로 빠질 수 있다는 이야기다. 반란을 일으키고 도둑질을 하는 것은 분노의 폭발 모습이다.

그동안 우리 사회에서는 근면과 성실을 명확하게 구분해 사용하지 않은 것이 사실이다. 그리고 근면을 크나큰 미덕으로 여겨왔다. 그 대표적인 사례가 학창시절 개근상의 가치이다. 6년간, 3년간 하루도 빠지지 않고 학교에 나가는 것은 결코 쉬운 일이 아니다. 인간인지라 아플 수도 있고, 각종 크고 작은 가족 행사가 있을 수도 있다. 그런데 그 기간의 다 채워나갔다는 것은 아마도 우리 사회의 근면을 강조하는 분위기가 한몫한 것이 아닐까? 어쨌든 목적이 결여된 근면과 용기는 분노를 유발시킬 수 있다는 것을 명심해야 한다.

아울러 성실한 삶은 사람다움의 출발이다. 우주만물은 모두 저마다 존재 이유가 있다. 식물은 식물대로, 동물은 동물대로 그 본연의 역할을 충실히 수행하고 있다. 그 역할을 다하지 못할 때 수명을 다하는 것이다. 사람도 마찬가지다. 본연의 목적을 상실할 우려가 있을 때 분노는 끼어든다. 따라서 상황에 따라 주어진 자기소임을 명확하게 파악하고 목적에 맞게 행동해야 한다. 성실의 근력이 튼튼하면 튼튼할수록 분노가 들어설 자리는 그만큼 줄어들 것이다.

주인내 분노 유형

또 반복하고 말았습니다

월요일은 심신이 뻐근하다. 휴일 동안 풀어져 있었던 몸과 마음이 다시 긴장을 하기 때문일 것이다. 얼마 전 문화원 정규강의가 있던 날이었다. 그날따라 눈에 띄게 지각생이 많았다. 수강생 중 자주 늦게 오시는 한 분이 미안해서인지 커피를 사오셨다. 성일 씨는 커피를 좋아하거나 즐겨 마시는 편은 아니지만 이날은 몸이 뻐근해서였는지 아주 달게 마셨다.

강의를 마치고 점심 업무미팅 겸 점심 식사를 하는 자리에서, 상대방이 먼저 일어나서 커피를 뽑아다 주며 예의를 갖췄다. 점심 메뉴는 육개장이었는데 매콤한 뒷맛이 남아 있을 때 커피를 보니 또 얼른 손에 잡혔다.

그리고 오후 3시, 업무상 하나의 미팅을 더 하기 위해 거래처에 들른 성일 씨는

원두커피를 권유하는 거래처 직원에 말에 따라 커다란 머그잔 가득 담긴 커피를 또 한 잔 마셨다. 오후 2시 이후에 커피를 마시면 밤새 뒤척거려 다음 날 업무에 지장을 준다는 것도 알고, 이미 오전과 점심에 두 차례나 커피를 마신 터라 사양하고 싶었지만 분위기상 실패했다. 오늘은 커피와 인연이 많은 날인가보다 생각하고 퇴근했다.

여느 때와 마찬가지로 저녁을 먹고 휴식 후 잠을 청했는데 잠깐 졸리더니 새벽 2시쯤 되니 정신이 또렷해지기 시작했다. 결국 그날 성일 씨는 밤새 뒤척였다. 그리고 이럴 걸 알면서도 미리 조절하지 못한 자신에게 화가 났다.

'不인내 분노 유형'에 해당하는 사례다.

인내가 부족해도 분노가 발생한다. 인내하는 마음 역시 한 인간이 갖춰야 할 매우 중요한 덕목이다. 여기서 말하는 인내는 욕구를 억누르는 단순한 통제, 억제, 절제 행위가 아닌 선택이다. 인내는 내면의 가치선택으로 여겨야 긍정적으로 길러지고 사용된다.

자기선택이 아닌 강요라고 생각하면 분노를 키우게 된다. 가령 동일한 물구나무서기를 하더라도 운동으로 하느냐, 벌 받는 행위로 하느냐는 다르다. 운동은 내 힘을 키우기 위해 스스로 선택한 것이기 때문에 힘들고 어려워도 긍정적인 에너지가 생기며 뒤끝이 없다. 반면 벌은 외부의 강압에 의해 수동적으로 출발하기 때문에 부정적인 에너지가 분출되며 반드시 뒤끝이 있다.

앞선 사례도 마찬가지다. 커피는 성일 씨가 선택한 것이지 누구에게도 강요받지 않았다. 따라서 여기서 분노대상은 외부환경이 아니라 내 선택 의지이다. 거래처에 방문해 차를 주문했을 때 정중하게 커피 대신 다른 차를 선택해야 했다. 그 선택 의지가 오류를 범했기 때문에 분노라는 신호를 통해 그 부분을 잘 챙기라고 알려주는 것이다.

사실 대한민국에 유독 이 유형의 분노가 많은 이유 중 하나도 정중한 거절문화가 통하지 않는 데 있다. 특히 술이나 담배, 회식에서 2차, 3차 등을 거절하면 친하지 않음으로 비춰지는 경향이 있다. 하지만 이유 있는 정당한 거절은 인내의 시작이다. 인내는 건강한 선택의지를 기르는 즐거움이다. 인내의 근력이 강해지면 그만큼 삶의 선택의 폭이 넓어질 수 있음을 잊지 말자.

남을 아는 것이 지혜라고 한다면, 자기를 아는 것은 밝음이다.
남을 이기는 것을 힘 있음이라고 한다면, 자기를 이기는 것을 진실로 강함이라고 한다.
족함을 아는 자는 부유하고, 힘써 행하는 자는 뜻이 있는 자이다.
자기 자리를 잃지 않는 자는 영원하고, 죽어도 멸망하지 않는 자는 장수한다.
『노자』 '도덕경' 33장 중에서

여기서 절제는 지혜에 가깝고 인내는 자기를 이기는 밝음에 가깝다. 남을 이기는 힘이 있음은 억제에 가깝고 인내는 자기를 이기는 강함에 가깝다. 유혹이 많은 세상이다. 노자의 말대로 작은 것에

도 만족함을 알고, 필요 이상의 욕구보다는 자연본성을 지킬 수 있는 뜻을 선택하는 힘이 필요하다. 게으름을 피우면 분노는 금방 알아차린다. 인내의 영역을 넓혀 분노가 끼어들지 못하도록 자기 자신을 스스로 지키는 지혜가 필요하다.

不성찰 분노 유형

지금의 나는 누구

고등학교 교사인 상원 씨는 정서장애가 있어 늘 대인관계에서 불안을 느낀다. 상원 씨가 교사업무 중 하나인 학생 개인 상담을 가장 어려워하는 이유도 이 때문이다. 병원 정신과 상담 결과, 어렸을 때 부모의 사랑을 제대로 받지 못해 무의식 속에 잠복해 있던 애정결핍의 욕구가 문제라는 진단이 내려졌다. 이후 자신의 정서장애를 극복하기 위해 여러 차례 병원을 다녔지만 그 증세는 크게 호전되지 않았다. 시간이 갈수록 초조해지는 상원 씨의 마음에는 점점 분노가 쌓이고 있었다.

분노 유형 가운데 '不성찰 분노 유형'에 해당하는 사례다.

성찰의 능력이 떨어지면 분노는 신호를 보낸다. 성찰은 사람다움의 향기를 만드는 핵심요소이자 자기 체크다. 컴퓨터의 전원 버튼을 눌렀을 때 시스템이 점검되는 것과 같다. 성찰의 시점은 항상 현재다. 오늘의 시점에서 과거와 미래를 점검해야 한다. 그 시점을 놓치면 성찰이 아니라 여행이다. 성찰과 여행은 다르다. 성찰은 '지금', '여기', '나'라고 하는 현실의 기준이 명확하다. 그러나 여행은 그 현실을 떠나는 것이 목적이다.

우리 주위를 살펴보면 "나는 왕년에 이런 사람이었다."라든지 "나는 미래에 이런 사람이 될 거야."를 마치 현재처럼 이야기하고 사는 사람들이 있다. 물론 사람은 과거와 현재, 미래를 자유롭게 여행할 수 있는 존재다. 그것이 인간에게 주어진 특권인 것은 분명하지만 잘못 사용하면 엄청난 고통을 받을 수도 있다. 성찰은 그 여행을 통해 과거나 미래를 사로잡혀 있는 이끼들을 제거하는 행위다. 여기서 여행은 현실을 등지려고 떠나는 것이 아니라, 현실 밖에서 현실을 더 잘 보고 더 충실하게 살기 위해 떠나는 것이다.

사례에 등장하는 상원 씨는 과거로의 여행을 너무 자주, 습관적으로 떠나는 사람이다. 그것이 만성이 되면 여행인지, 일상인지 구분하기 어렵다. 과거 성장과정에서 부모가 구체적으로 어떠한 고통과 분노를 주었는지는 잘 모르겠지만 지금은 그때 그 어린 아이가 아니다. 지리하고 힘든 여행이 되겠지만 과거에 치우쳐 있는 소모적인 에너지를 현재로 옮겨와야만 정서장애를 극복할 수 있다. 더불어 학생들을 보며 자기의 과거를 객관적으로 볼 수 있는 성찰 근력을 키우면 자신이 받지 못한 사랑을 아이들에게 나눠 줄 수 있게 될 것이다. 그것이 분노조절이고 힐링이며, 뉴패러다임의 길이다.

공자가 말했다.
"군자는 성찰해야 할 것이 아홉 가지 있다. 볼 때는 분명하게 보기를 살피고, 들을 때는 똑똑하게 듣기를 살피고, 표정은 온화하게 할 것을 살피며, 용모는 공손하기를 살피고, 말할 때 성실할 것과 일할 때 신중할 것을 살피고, 의심날 때는 물을 것을 살피고, 화가 날 때는 그 결과로 인한 어려움을 살피며, 얻는 것이 있으면 의로운 것인가를 살펴야 한다."
『논어』 '계씨'편 중에서

보되 분명하게 보라는 것은 현실을 직시하라는 말이다. 듣되 똑똑하게 들으라는 것은 현재의 시점에서 내 것인지 아닌지를 구분해 들으라는 의미이며, 표정을 온화하게 하라는 것은 에너지를 현재에 집중하라는 뜻이다. 용모를 공손히 하라는 것은 항상 성찰에 긴장을 놓지 말라는 이야기이며, 말을 성실하게 하라는 것은 과거와 미래에 쏠린 허황된 이야기를 하지 말고 지금의 이야기를 하라는 의미다. 일할 때 신중을 기하라는 것은 성찰의 부재로 야기될 수 있는 문제를 충분히 검토하면서 일을 추진하라는 뜻이며, 의심날 때 물으라는 것은 나의 위치가 정확하게 기준을 잘 잡고 있는지 늘 확인하라는 말이다. 화가 날 때 그 결과로 인한 어려움을 살피라는 것은 객기客氣에 휘둘리지 말고 현실을 냉철하게 지키라는 의미다. 마지막으로 얻는 것이 있으면 의로운 것인지를 살피라는 것은 거래의 앞뒤 전후를 꼼꼼히 따져 보라는 뜻이다.

사람이 사람답게 살기란 쉬운 일이 아니다. 그래서 늘 살피고 또 살펴야 한다. 그래도 사람인지라 살피는 부분을 놓치는 경우가 있다. 그때 분노는 빨간 경고등을 켜 다시 한 번 살펴보라고 신호를 보낸다. 성찰도 연습이다. 반복해서 연습을 많이 하다 보면 성찰의 근력이 점점 커져 더 쉽게, 더 깊게, 더 넓게 살피는 힘이 생길 것이다.

不정직 분노 유형

숨기지 마, 지금 말해

대학생 아들을 둔 미숙 씨는 요즘 하루하루가 살얼음판을 걷는 기분이다. 명문대 법대에서 장학금까지 받으며 공부하던 아들이 졸업 후 음악을 하고 싶다고 선언했기 때문이다. 그동안은 입신양명立身揚名을 강조하는 어른들 분위기 때문에 말을 꺼내지도 못하다가 대학생이 되면서 오랫동안 품고 있던 자신의 생각을 드러낸 것이다.

집안은 그야말로 난리가 났다. 남편은 이러한 아들이 못마땅해 만나기만 하면 잔소리를 퍼부었고, 급기야 아들의 이런 태도를 두고 '엄마가 잘못 가르쳐서 그렇다'며 분노의 화살을 미숙 씨에게 쏟아내고 있다.

대강만 사연을 들어도 쉽게 공감되는 이야기다. 살면서 힘든 것 가운데 하나가 자식 문제다. 오죽하면 '무자식이 상팔자'라는 말이 회자되겠는가.

위 사례는 분노 유형 가운데 '不정직 분노 유형'에 해당한다. 정직하지 못하면 분노는 참지 않고 신호를 보낸다. 정직正直은 바르고 곧은길을 의미한다. 그렇다면 무엇이 바르고 곧은 것일까? 바로 자기 자신에 대한 초심, 원칙, 양심이다.

오늘날 정직하게 사는 것은 손해라는 인식이 일반적이다. 그러나 사회적 통념이 항상 이익을 가져다주는 것은 아니다. 정직은 단순히 외부의 사회적 규범을 지키는 약속이 아니라 자신 안에서 울려 퍼지는 모두를 살리는 생명의 소리다. 또한 머릿속에만 그리고 있는 정직은 완성된 정직의 모습이 아니다. 정직도 물건처럼 일상생활에서 사용해 보아야 내 것이 되고 그 힘이 무엇인지 판단할 수 있다. 더불어 정직의 소극적인 형태는 '남을 속이지 않는 것'이다. 자기의 이익을 유리하게 이끌기 위한 의도로 상대를 속이는 것은 정직하지 못한 행위다. 보다 적극적인 정직의 형태는 현실의 무지無知를 직시하고 본질적인 가치를 지켜가는 행위임을 기억하자.

미숙 씨네 가정에서 분노현상이 표출된 것 역시 적극적인 정직이 실천되지 못했기 때문이다. 부모는 아들이 진로에 대해 어떻게 생각하고 있는지 귀 기울여주고 격려해주는 정직을 행하지 못했다. 아들도 정직하지 못했다. 양심의 소리에서 들려오는 가슴 뛰는 꿈의 소리를 논의할 타이밍을 놓쳤기 때문이다. 조금 늦기는 했지만 가정

구성원 모두가 분노를 줄여나가기 위해서는 지금부터라도 정직을 기준으로 새 출발하는 것이 가장 빠른 길일 것이다.

사실 악惡보다 더 경멸당할 것은 없는데도, 나는 경멸당하지 않으려고 더욱더 많은 악행을 저질렀습니다. 내가 친구들보다 더 많은 악행을 자행하지는 않았지만, 종종 내가 하지 않은 일도 한 척하기도 했습니다. 순진함이 겁쟁이로, 순결함이 유약함으로 비칠까 두려웠기 때문입니다. 내가 바빌론의 거리를 헤맬 때 만났던 친구들이 바로 이러한 사람들입니다. 나는 마치 그것이 값진 기름과 향료인 양 진흙탕 속에서 굴렀습니다. 보이지 않는 나의 적은 내가 유혹하기 쉬운 미끼라고 생각했던지, 나를 발로 차면서 유혹하여 죄의 깊은 심연 속으로 빨려들게 했습니다.

바빌론의 중심에서 벗어나 가장자리에 선 나의 어머니는 나에게 동정을 지키라면서, 아버지가 나에 대해 한 말에 개의치 않았습니다. 훗날 위험한 질병에 내가 심각하게 감염되었음을 나의 어머니는 이미 알았는데도 또한 내 열정이 그리 쉽게 식지 않을 줄 짐작했기에, 결혼이라는 구속으로 굳이 그 열정을 제한하려 하지 않았습니다. 결혼이라는 구속이 나의 삶이 아니라 나의 장래에 방해가 될지도 모른다는 것 때문이었습니다.

어머니의 희망은 내세 때문이 아니라 내가 공부해서 성공하는 것이었습니다. 부모님 모두 내가 공부하는 것을 원하셨지만, 특히 아버지는 당신에 대한 생각은 거의 하지 않고 나에게 오직 얄팍한 세상의 기대만 걸었습니다. 어머니는 일반적인 공부 과정이 나를 방해하지 않으리라 생각하면서 오히려 내가 당신에게 다가가는 데 도움이 되리라 생각하셨습니다. 여기에 나의 부모님의 특성이 가장 잘 드러나 있습니다. 게다가 나는 별 규제 없이 마음껏 즐기고 놀아, 여러 가지 악행에 빠졌습니다. 어둠의 장막이 나와 나의 하느님 당신의 밝은 빛에 가로놓였습니다. 무슨 악이든지 나의 교만과 마음으로부터 튀어나왔습니다.

아우구스티누스의『고백록』제2권 중에서

동서고금을 막론하고 부모의 역할은 비슷한 구석이 많다. 1700여 년 전 유럽의 이야기인데 오늘날 우리 가족 이야기와 크게 다르지 않은 모습이다. 세상의 가치에 편승해 '좋은 게 좋은 것'이라는 회피적인 태도는 결국 모두에게 손실을 가져온다. 더불어 후회는 자신에 대한 분노의 일종이다. 후회를 줄이는 지름길은 정직의 길을 선택하는 것이며, 정직의 근육을 단단히 할수록 분노도 줄여나갈 수 있다.

不여유 분노 유형

멈추면 비로소 보이는 것들

요즘 교통과 통신기술의 발달은 시간과 공간의 개념을 바꿀 만큼 광속으로 새로운 변화를 이끌어낸다. 가끔 지방에 내려가 보면 없던 도로가 생겨 혼란스럽다. 작년에 바꾼 휴대폰인데도 왠지 촌스럽게 느껴진다. 신조어의 등장은 그 사람이 사용하는 문자만 보아도 그의 나이를 짐작할 수 있게 한다. 어르신들은 자고 나면 변화하는 모습에 멀미를 느낄 정도다. 젊은 사람들도 어느 속도에 장단을 맞춰야 할지 감을 잡기 어렵다. 그래서 그 변화의 흐름을 타고 속도를 조절하는 사람이 지혜로운 사람이다.

화, 분노의 속도도 마찬가지다. 가속도가 붙으면 걷잡을 수 없이 빠르다. 게다가 분노가 많은 사람은 변화에 뒤처지거나 지나치게 앞서가는 경우가 많다. 누가 그 변화를 이끌었을까? 이 시대가 추구하는 가치는 무엇일까? 나는 변화의 흐름에 어디쯤 서 있을까?

● 올해 정년을 맞은 은미 씨는 입사 때부터 지금껏 '최우수'라는 별칭을 달고 지냈을 만큼 열정적인 직원이었다. 영업이면 영업, 관리면 관리, 교육이면 교육 무엇을 맡겨도 임무를 척척 수행해 내 회사 내에서도 당차기로 유명했다. 이미 조직 안에서 임원을 제외하고 최고령이었던 그녀는 그동안 직장에서 버티기 위해 산전수전 공중전을 다 겪었다고 회고했다.
어쨌든 이제는 일에서 벗어나 여유로운 노후를 설계하며 소일거리 정도의 활동을 하겠다는 마음으로 퇴직을 준비했다. 그런데 퇴직 후 예상치 못한 시련이 몰려왔다. 연로한 시어머니와의 갈등부터 주위 가족들의 불행한 사건들, 그 무엇보다 괴롭고 힘든 일은 존재감의 상실이었다.
직장에 있을 때는 소속감과 조직원들의 관심, 일에 대한 성취감이 있어 살아 있다는 느낌이었는데 이제는 하루하루가 멘붕의 연속이다. 요즘 은미 씨는 매일매일 짜증이 솟구치고 화가 난다.

자신의 삶에 대한 분노가 폭발한 상황으로 분노 유형 가운데 '不여유 분노 유형'에 해당한다.

도로에서 안전운전을 하려면 교통의 흐름을 잘 타야 한다. 다른 사람들의 운전속도에 맞춰야 한다는 뜻이다. 가끔씩 브레이크를 밟아 속도를 조절해주는 것도 중요하다. 여유 없이 과속을 하면 분노는 빨간불을 켜준다. 삶도 마찬가지다. 절대 혼자 나아갈 수 없다. 특히 앞에 가는 사람일수록 뒤따라오는 사람들의 속도를 잘 계산해야 한다. 이것이 자연의 질서다.

그렇다면 삶의 여유를 만들기 위해서는 어떻게 해야 할까? 여유는 시간과 공간을 주도적으로 이끌어가는 능력이다. 이 능력을 기르려면 우선 시공간 전체를 보는 눈이 있어야 한다. 전체를 알아야 부분을 어떻게 사용할지 계산이 가능해진다. 다음으로 자기에게 주어진 소임을 주도적으로 해결할 수 있어야 한다. 눈치를 보거나 회피하거나 필요 이상의 과욕을 부리면 늘 쫓기는 신세가 된다. 마지막으로 자신에게 관대해지는 것도 중요하다. 자기 자신을 독촉하는 사람은 다른 사람이 들어올 틈이 좁은 사람이다. 틈이 여유다. 많은 사람들이 들어올 수 있도록 틈을 만드는 것이 여유를 만드는 비결이다.

은미 씨는 대한민국의 전형적인 직장여성상이다. 그러나 시대 트렌드에는 어울리지 않는다. 과거처럼 한 회사에 뼈를 묻던 평생직장의 시대는 갔다. 직'장'의 시대에서 직'업'의 시대로 바뀌었기 때문이다. 그렇다고 이직을 염두에 두고 슬슬 일하라는 것이 아니다. 이제 여유의 가치는 경쟁력이다. 기업에서도 여유가 있는 사람을 선호한다. 여유 있는 사람이 이 시대 변화의 감각에 잘 어울리기 때문이다. 이 시대의 트렌드는 쿨이다. 시원시원해야 하며, 소통이 잘 되어야 한다. 또 자기 할 일을 당당하게 하고 프리하게 살아야 한다.

초나라 남쪽에 명령이라는 바다거북이는 오백 년을 봄으로 삼고 오백 년을 겨울로 삼는다. 또 아주 먼 옛날에 대춘이라는 나무는 팔천 년을 봄으로 삼고 팔천 년을 가을로 삼는다. 그런데 사람들은(칠백 년 동안) 오래 산 것으로 유명한 팽조를 부러워하는데(팔천 년을 사는 대춘나무 등을 생각한다면) 참으로 애처로운 일이 아니겠는가?

작은 것과 큰 것의 차이라는 게 이렇다.

그러니 겨우 벼슬자리 하나 할 정도의 지혜밖에 없는 사람, 마을 한 곳 돌볼 정도의 일을 할 수 있는 사람, 한 임금을 섬길 덕밖에 없는 사람, 한나라를 다스릴 정도의 재능밖에 없는 사람들이야말로 바로 이 참새 같은 사람들이다.

송영자는 이런 사람들을 보면 그저 빙그레 웃기만 했다. 세상 사람들이 아무리 칭송해도 송영자는 우쭐대는 법이 없었다. 또 비난해도 움츠러들지 않았다. 집 안에 있을 때나 밖에 있을 때나 한결같이 자기 분수를 지키고, 영광과 치욕이 어디서 갈라지게 되는지 알고 있었다. 송영자는 세상의 명예를 얻으려고 조급하게 굴지 않았다. 그런데도 송영자 역시 부족한 데가 있다.

열자는 바람을 타고 마음대로 돌아다니면서 놀다가 보름이 지나면 돌아온다. 열자도(송영자처럼) 조급하게 행복을 좇거나 하지 않았다. 열자는 걸어 다니지 않는다. 그런데도 돌아다니자면 바람에 의지해야 한다. 만일 천지天地의 본 모습을 따르고 자연自然의 변화를 따르며 무한한 세계에서 놀 수만 있다면 의지할 게 무엇이 있겠는가. 그래서 지인至人에게는 자기自己라는 것이 없고, 신인神人에게는 공적功績이란 것이 없으며, 성인聖人에게는 명예名譽란 것이 없다.

『장자』 '소요유'편 중에서

"자연의 변화를 따르며 무한한 세계에서 놀 수만 있다면 의지할 게 무엇이 있겠는가."

이 얼마나 멋진 표현인가? 자연의 변화란 시대에 맞는 자연스러움을 말한다. 자연스러운 사람은 거슬리지 않는다. 자연스러운 사람은 편안하다. 자연스러운 사람은 중심이 서 있는 사람이다. 자연스러운 사람은 허세를 부리지 않는다. 자연스러운 사람은 멀리 보고 당당하게 걷는다. 그래서 자연스러운 사람은 여유를 즐길 자격이 생긴다. 인간이 자연의 소리를 듣지 않고 억지를 부리면 분노가 발동한다. 자연과 인간, 인간과 자연은 본래 하나이기 때문이다. 자연스럽게 살면 분노는 발을 디딜 틈이 점점 줄어든다는 것을 명심하자.

不개성 분노 유형

나의 매력은 무엇일까

마침내 그녀는 무감각 상태가 되어 친숙했던 모든 것들에 대한 흥미를 잃어버렸습니다.

어느 날, 늙은 애벌레 한 마리가 나뭇가지에 거꾸로 매달려 있는 것을 보고 그녀는 놀랐습니다. 그는 무슨 털 뭉치에 꼼짝없이 잡혀 있는 것 같았습니다.

"무슨 사고가 생긴 것 같은데, 도와드릴까요?" 하고 그녀가 말했습니다.

"아니야, 괜찮다. 나비가 되기 위해서는 이렇게 해야만 돼."

그녀는 깜짝 놀랐습니다. '나비! 바로 그 말' 하는 생각이 들었습니다.

"제발 말해 주세요. 나비가 무엇이지요?"

"그것은 네가 되어야 할 바로 그것이야. 그것은 아름다운 두 날개로 날아다니며 하늘과 땅을 연결시켜 주지. 그것은 꽃에 있는 달콤한 이슬만을 마시며 이 꽃에서 저 꽃으로 사랑의 씨앗을 운반해 준단다. 나비가 없으면 세상에는 곧 꽃이 없어지게 될 거란다."

"그럴 리가 없어요." 하고 노랑 애벌레가 숨을 할딱이며 말했습니다. "내 눈앞에 보이는 것은 단지 솜털 투성이의 한 마리 벌레뿐인데, 나의 내부에, 그리고 당신의 내부에 한 마리의 나비가 들어 있다고 어떻게 믿을 수 있어요?"

"어떻게 나비가 될 수 있나요?" 하고 그녀는 생각에 잠겨 물었습니다.

"한 마리 애벌레의 상태를 기꺼이 포기할 수 있을 만큼 절실히 날기를 원할 때 가능한 일이란다."

"목숨을 버리라는 말씀인가요?" 하고 노랑 애벌레가 물었다. 하늘로부터 떨어진 그 세 마리의 애벌레가 생각났습니다.

"그렇기도 하고 그렇지 않기도 하단다. 너의 '겉모습'은 죽어 없어질 것이지만 너의 '참모습'은 여전히 살아 있을 것이란다. 삶에 변화가 온 것이지. 목숨을 빼앗긴 것이 아니다. 나비가 되어 보지도 못하고 죽어 버린 그 애벌레들과는 전혀 다른 것이지." 하고 그가 대답했습니다.

"그러면 내가 한 마리 나비가 되기로 결심했을 때, 나는 무엇을 해야 하지요?" 하고 노랑 애벌레가 주저하며 물었습니다.

"나를 잘 보아라. 나는 지금 고치를 만들고 있단다. 내가 마치 숨어 버리는 것같이 보이지만, 고치란 피해 달아나는 곳이 아니란다. 변화가 일어나는 잠시 머무는 여인숙과 같은 거야. 애벌레의 삶으로 결코 다시는 돌아갈 수 없는 것이니까, 그것은 하나의 커다란 도약이지. 변화가 일어나고 있는 동안 너의 눈에는 혹은 그것을 지켜보고 있는 누구의 눈에도 별다른 변화가 없는 것처럼 보일지 모르지만 이미 나비가 만들어지고 있는 거란다. 오직 시간이 좀 걸린다는 것뿐이지!"

트리나 포올러스의 『꽃들에게 희망을』 중에서

언제 읽어도 가슴 뛰는 대사다. 나비가 되어 이 꽃에서 저 꽃으로 옮겨 다니며 사랑의 씨앗을 운반해주는 삶, 고치 속으로 들어가 묵묵히 변화를 준비하는 삶, 나만의 참모습을 찾는다는 것은 결코 쉬운 일이 아니다. 이 작품에서 나의 참모습은 외롭고 고독하고 괴로운 길을 거쳐야 비로소 나타난다는 교훈을 준다. 참모습은 개성個性이다. 개성은 나만의 본질적인 모습이며, 나만의 특징이다. 또 나만의 색깔이다. 나만의 색깔은 매력이다. 매력은 인간관계의 포인트다. 그래서 매력을 잘 관리하는 사람은 인기가 높다. 당신의 매력은 무엇인가? 당신은 매력을 키우기 위해 무엇을 하고 있는가?

● **수학교사가 꿈인 진희 씨는 얼굴 성형을 자주 한다. 처음에는 얼굴에 있는 점이란 점은 모조리 제거했다. 그리고 눈, 코, 입술……. 이제는 처음 얼굴을 찾아볼 수 없을 만큼 많이 변했다. 진희 씨가 계속해 성형을 하는 이유는 세 가지다. 사람들이 외모를 중시하기 때문에 성형을 하면 자신감이 생긴다는 것, 얼굴을 보고 있으면 결점이 자꾸 보이고, 그것을 해소하지 않으면 분노가 일어난다는 것, 남들과 비교할 때 자신이 특별한 능력이 없기 때문에 외모라도 갖추어야 한다는 강박이 있기 때문이다.**

진희 씨는 분노 유형 가운데 '不개성 분노 유형'을 가진 사람이다.

개성이 없거나 부족해도 분노는 나타난다. 개성 역시 사람이면 마땅히 갖춰야 할 덕목이다. 개성은 단순히 남들과 달리 튀거나 엉뚱함을 뽐내는 괴짜와 다르다. 괴짜가 특수한 사람들의 영역이라면 개성은 우리 모두의 영역이다. 개성은 고유의 색을 지닌 크레파스와 같다. 크레파스는 무슨 색깔이건 우열을 따지지 않지만 전체 속에서 무슨 색깔의 역할을 하는 것이 조화로울지 알려고 다른 색들과 늘 비교한다.

진희 씨는 개성에 예민하다. 그러나 개성의 의미를 올바르게 이해하지 못해 오히려 역효과를 내고 있다. 진희 씨가 얼굴 성형을 하는 이유만 봐도 개성의 본래 정신과 반대방향으로 가고 있다. 무엇이 문제일까?

첫째, 타인의 시선 문제다. 다른 사람은 나의 개성을 보고 싶어 한다. 그런데 성형을 하다 보면 점점 자신의 색을 잃게 된다. 성형외과 광고의 after사진을 보면 얼굴이 서로 비슷해져가는 것을 볼 수 있다. 외출할 때 옆 사람이 나와 똑같은 외투를 걸친 것만 봐도 불편한 마음이 올라오는데 비슷한 얼굴을 보면 분노지수는 예측하기 어려울 정도로 높아질 것이다. 왜냐하면 같아지는 대상끼리는 경쟁의식을 느끼기 때문이다.

둘째, 결점을 보는 눈이다. 사람은 강점과 약점을 동시에 가지고 있다. 약점도 개성이며 강점도 개성이다. 문제는 이것을 어떻게 사용할 것인가이다. 쌍꺼풀이 있으면 있는 대로, 없으면 없는 대로 얼굴

전체와 조화를 가꾸어 나가는 사람은 개성을 살리는 사람이다. 약점은 제거하는 것이 아니라 강점을 살리는 파트너다. 그 중요한 파트너를 제거하면 제거할수록 분노는 강도 높게 저항할 것이다. 몸 전체에서 보면 약점의 제거는 균형상실을 의미한다.

셋째, 능력을 대하는 태도의 문제다. 능력은 내가 결정하는 것이 아니다. 능력은 조직의 목적성취를 기준으로 다른 사람들과 비교해서 목적이 요구하는 역량의 무게가 얼마큼인지를 조직의 눈으로 판단할 문제이다. 본질을 보지 못하고 문제를 가리려 하면 분노는 치밀어 올라온다. 이것은 자기 자신을 속이는 행위이다. 개성은 전체의 눈으로 개인의 독특함을 드러낼 때 그 빛을 발한다.

다시 나비를 예로 들어보자. 애벌레 상태에서는 어떤 개성도 발휘할 수 없다. 나비가 되어야 비로소 자신만의 개성을 마음껏 발휘할 수 있다. 이때 주목해야 할 부분은 애벌레에서 나비로 터닝하기 위해서는 겉모습을 버려야 한다는 점이다. 겉모습에 연연해하는 사람은 자유롭게 날 수가 없다. 애벌레의 길과 나비의 길은 하늘과 땅 차이다. 두 길을 동시에 가기를 원하지만 자연은 사람의 욕심을 들어 주지 않는다. 어느 하나를 포기해야 다른 하나를 얻는다. 이것이 삶의 이치이며 그 이치를 벗어나면 분노는 고개를 들고 올라온다. 개성의 덕목을 기르고 실천하면 그만큼 분노의 자리는 줄어든다. 오늘날 시기와 질투와 경쟁은 본질적으로 보면 '개성의 부재'에서 발생한 것이다. 개성이 아름다움의 상징인 것은 사람다움의 가치가 담겨 있기 때문이다. 개성은 행복의 보금자리를 위한 제2의 탄생이다.

不도전 분노 유형

가만히 있으면 아무것도 달라지지 않아

도전은 아름답다. 도전은 새로운 환경을 만들어가는 즐거움이다. 사람은 미완성으로 태어나 완성을 향해 도전하는 존재다. 그래서 도전하는 사람에게 박수를 보낸다. 사람다움의 정신을 실천했기 때문이다. 완성을 향한 삶의 기준은 균형과 조화다. 치우쳐 있거나 전체와 함께 어울릴 수 없다면 감점이다.

흔히 도전을 기록 경신의 목표를 향해 달리는 행위라고만 인식한다. 그러나 그것은 도전의 일부에 지나지 않는다. 도전의 영역은 광범위하다. 기존의 고정관념을 버리는 것도 도전이다. 사람은 의외로 자기 기억에 의존하고 자기 자신에 집착하는 경우가 많다. 이것은 자신의 자유 영역을 스스로 좁히는 행위다. 때로는 포기하는 것도 도전이다. 내 것이 아닌데도 고집을 부리는 것은 도전이 아니라 억지다. 마지막으로 가장 적극적인 도전은 두려움과 맞서 싸우는 것이다. 특히 새로운 것에 대한 두려움을 이겨내고 자신만의 길을 나아가는 것이야말로 진정한 도전의 멋이다.

● 중매결혼을 한 선아 씨는 신혼 초부터 남편의 의처증을 견뎌야 했다. 시간이 흐르면서 남편의 증상은 폭언과 폭행으로 이어졌다. 아이가 있으면 나아지겠지 하고 견뎌보았지만 헛수고였다.

급기야 남편은 다니던 직장도 그만두고 주식에 손을 대 엄청난 재산까지 날렸다. 더 이상 결혼에 의미가 없다고 판단한 선아 씨는 여러 번 이혼을 시도했지만 여러 가지 문제에 얽혀 번번이 실패했다. 그 사이 남편은 아이를 볼모로 삼아야 선아 씨에게 돈을 요구할 수 있다는 생각에 딸까지 감시하기 시작했다.

선아 씨는 점점 사람에 대한 두려움이 극에 달했다. 사업을 하고 있음에도 휴대전화에 친정오빠와 딸아이 번호밖에 저장되어 있지 않을 정도였다. 그녀는 지금 결혼을 자신의 모든 삶을 송두리째 앗아간 마귀라고 표현한다.

이 사례는 분노 유형 가운데 '不도전 분노 유형'에 해당한다.

도전에 게으르면 분노는 쌓인다. 선아 씨가 지금 분노를 느끼는 이유는 크게 세 가지다.

첫째, 신혼 초에 남편의 의처증이 발견됐다면 가족이든, 친구든, 전문가든 외부의 도움을 받아서라도 치열하게 도전했어야 했다.

결국 자녀에게도 커다란 분노를 안겨 준 셈이 됐다. 나서야 할 때 나서지 않는 것은 분노를 키운 것이다.

둘째, 그녀는 도전의 소리에 너무 무심했다. 한 번 결혼했으면 무조건 참고 살아야 한다는 기존의 생각에 갇혀 새로운 길을 모색할 길을 잃었다. 특히 내 사람이 아니라고 판단했으면, 포기하는 데 도전장을 내고 생계를 내려놓는 한이 있더라도 끝까지 가 보았어야 했다. 그랬다면 결론이 어떻게 났더라도 지금처럼 분노가 극에 달하지는 않았을 것이다.

셋째, 두려움과 맞서 싸우지 않았다. 시간이 지나면 어떻게 되겠지, 이번만 넘기면 어떻게 되겠지 하며 미루고 회피한 것이 분노를 더욱 키웠다. 냉정하게 말하면 그녀는 스스로 분노를 길러온 것이다. 분노는 거짓을 고하지 않는다.

혜자가 장자에게 말했다.

"위나라 임금이 큰 박씨를 주기에 내가 그것을 심었다네. 박이 자라서 열매가 다섯 섬이나 될 정도로 열렸네. 그 박에다 마실 물을 담아 보니 무거워 들 수 없었다네. 그래서 박을 두 개로 쪼개 바가지로 만들었지. 그런데 얕고 납작해서 아무것도 담을 수가 없는 거야. 공연히 크기만 했지, 아무짝에도 쓸모가 없어 그냥 부수고 말았어."

장자가 말했다.

"자네는 큰 물건 쓰는 방법이 아주 서툴군. 송나라에 손 트지 않게 하는 약을 만드는 사람이 있었다네. 그 사람은 그 약을 바르면서 대대로 솜 빨래하는 일을 했지. 어떤 나그네가 그 약 이야기를 들었지. 그래서 금 백 냥을 줄 테니 약을 만드는 비방을 팔라고 했어. 아마 그 사람은 가족들을 다 모아 놓고 의논했다지. '우리는 대대로 솜을 빨았지만, 버는 것이야 기껏 금 몇 냥밖에 없는데 이제 이 약 만드는 방법을 금 백 냥에 사겠다는 사람이 있으니 팝시다.' 했다네. 그 나그네는 약 만드는 비방을 얻어 오나라 임금에게 가서는 그 약의 효험을 설명했네. 그때 월나라가 오나라에 쳐들어왔지. 오나라 왕은 그 나그네를 장군으로 삼았지. 겨울에 월나라와 수중전을 치러 그 나그네는 크게 이겼다네. 그러자 오나라 왕은 그에게 땅을 주어 영주로 삼았네. 손을 트게 하지 않는 비방은 하나인데, 어떤 사람은 그것으로 영주가 되고, 어떤 사람은 그것으로 세탁하는 일만 하고 있으니, 비방을 어떻게 쓰느냐에 따라 그 결과가 달라지는 거네. 이제 자네에게 다섯 섬의 큰 박이 있다면 왜 큰 술통 모양의 배를 만들어 강이나 호수에 띄울 생각은 하지 않고, 얕고 납작하여 아무것도 담을 수 없다는 걱정만 하는가. 자네는 작고 꼬불꼬불한 쑥대 같은 마음을 갖고 있구먼."

『장자』 '소요유'편 중에서

누구나 대박 인생을 꿈꾼다. 그러나 대박의 비밀을 알고 그 꿈을 이루는 사람은 많지 않다. 장자는 대박을 잡으려면 통이 커야 한다고 했다. 통이 크다는 것은 생각이 유연하다는 말이다. 생각이 굳어 있는 사람은 대박의 기회를 엿볼 수 없다. 유연한 생각을 유지하려면 기존의 생각을 잘 버려야 한다. 오늘부터 생각비우기에 도전해보자. 생각을 비우는 도전을 많이 할수록 분노가 줄어들 것이며, 사람다움의 향기가 강해질 것이다. 도전은 자기 자신의 멋을 창조하는 삶의 예술이다.

不관찰 분노 유형

나는 누구에게 화가 났는가

우리는 만나면 만났다고 인사하고, 헤어지면 헤어진다고 인사를 한다. 보통 인사를 잘하는 사람은 사람을 자세히 본다. 상대의 기분이 어떠한지부터 머리와 치장 등 차림새는 또 어떠한지 세밀히 관찰해 그에 맞는 눈빛과 적절한 인사말을 구사하기 위함이다.

예를 들어 머리를 손질하고 출근했는데 아무도 봐주는 사람이 없으면 속상하다. 오랜만에 옷을 멋지게 차려입고 외출했는데 상대방이 무관심하면 기분이 별로다. 또 기분 좋은 일이 있어 흥얼흥얼거리고 있는데 아무도 공감해 주지 않으면 슬퍼진다. 인사의 숨은 의미는 기분을 나누는 것이다. 그래서 인사를 잘하는 사람은 사람들에게 늘 대접받지만, 인사를 잘하지 못하면 사람대접을 받지 못한다.

그런데 인사가 중요하다는 것을 알면서도 실천이 잘 안되는 게 사실이다. 가까이는 가족들에게 하는 인사부터 쉽지 않다. 직장에서도 대개 형식적인 인사에 그치는 경우가 흔하다. 이웃 간에도 마찬가지다. 인사가 차츰 어려워져 가는 이유는 여러 가지가 있겠지만 그중 가장 큰 원인은 여유의 부재가 아닐까 생각한다.

관찰은 대상에 대한 관심에서 출발한다. 그 대상에 대한 관심이 없으면 보아도 겉만 보인다. 내 기준으로 대상을 바라본다. 관찰의 기준은 나보다는 대상에 두어야 제대로 보인다. 내가 보고 싶은 것, 내가 듣고 싶은 것, 내가 소유하고 싶은 것, 내가 알고 싶은 것 등을 내려놓아야 비로소 대상의 모습은 제대로 나타난다. 그런데 현대인들은 자기 눈이 세상 보는 기준이길 바란다. 내 비위脾胃의 기준으로 대상을 선택적으로 관찰한다. 그것은 엄밀하게 말하면 관찰이 아니라 감시監視다. 감시는 관찰과 다르다. 감시는 이미 대상을 통제하려는 우월의식이 전제되어 있다. 그래서 대상은 상대가 감시하고 있다는 판단이 들면 그 실체를 감추어 버린다. 관찰의 부재는 소통의 부재로 이어진다. 서로 대상을 왜곡하여 바라보기 때문이다.

● 직장인 재건 씨는 아내 잔소리 때문에 하루도 편할 날이 없다. 재건 씨가 화장실 불을 잘 끄지 않자 아내는 멀쩡한 화장실 문 위에 조그마한 구멍을 뚫었다. 구멍 사이로 나오는 불빛을 보고라도 불을 끄라는 압력이었다. 그의

소박한 희망은 "어휴, 저 버릇 언제 고치려나.", "당신이 켜 놓은 불, 내가 껐어요."라며 좀 더 상냥하게 지나쳐 주는 것이다. 물론 아내의 잔소리는 이뿐만이 아니다. 중간부터 눌러쓰는 치약 사용 습관, 빨래 통에 넣지 않고 방에 벗어두는 양말 등등 이틀에 한 번 꼴로는 꼭 잔소리를 듣는다. 그때마다 재건 씨는 아내가 전업주부인 만큼 그런 것쯤은 아내가 당연히 챙겨야 하는 것 아닌가 하는 생각이 든다. 요즘은 아내가 별것 아닌 것 가지고 괜히 시비를 거는 것 같은 기분마저 든다.

분노 유형 가운데 '不관찰 분노 유형'에 해당하는 사례다.

관찰 능력이 부족해도 분노는 작동을 개시한다. 관찰은 서로에 대한 존중이 깔려 있어야 한다. 나 중심의 일방향적인 사고는 대상을 무시하는 태도다. 관찰은 나와 대상 사이에 무엇을 주고받아야 하는지 정확한 판단을 위한 정보 수집 과정이다. 따라서 정보 왜곡은 서로에게 도움이 되지 않는다. 이 사이에서 발생하는 분노는 정확한 정보를 확인하라는 신호인 것이다.

위 사례에서 재건 씨는 아내의 잔소리에만 신경을 썼지 자기와 관계를 맺고 있는 1차적 대상의 관찰에는 무관심했다. 화장실 사용한 뒤 불을 끄는 문제는 아내를 의식해서 해야 하는 문제가 아니다. 아내와 무관하게 재건 씨는 화장실 불과 1차적 관계를 맺고 있는 것이다. 따라서 재건 씨는 2차적 대상인 아내를 관찰할 게 아니라 1차 대상인 화장실 전등을 관찰해야 했다. 그리고 재건 씨가 아내에게 분노를 느끼는 것은 화장실의 불 문제가 아니라 아내에게 감시받고 있다는 생각 때문이었음을 알 수 있다.

관찰은 대상에 대한 관심에서 출발한다. 그 대상에 대한 관심이 없으면 보아도 겉만 보거나 자신의 기준으로 대상을 바라보게 된다. 내가 보고 싶은 것, 내가 듣고 싶은 것, 내가 소유하고 싶은 것, 내가 알고 싶은 것 등을 내려놓아야 비로소 대상의 모습이 제대로 나타난다. 내 비위脾胃를 기준으로 대상을 선택적으로 관찰하는 것은 엄밀히 말하면 관찰이 아니라 감시다. 감시監視는 관찰과 다르다. 감시는 이미 대상을 통제하려는 우월의식이 전제되어 있다. 그래서 대상은 상대가 감시하고 있다는 판단이 들면 그 실체를 감춰버린다. 곧 바로 관찰의 부재는 소통의 부재로 이어진다. 서로 대상을 왜곡하여 바라보기 때문이다.

옛날에 도를 깨친 사람은 미묘微妙하고 통달通達하여 그 깊이를 알 수 없다.
그런데 알 수 없다고 하여도 억지로 그것을 표현하려고 한다.
신중한 모습은 마치 겨울에 언 강을 건너는 것과 같고, 삼가는 모습은 마치 사방의 이웃을 두려워하는 듯하며, 엄숙한 모습은 마치 손님과 같다.
온화한 모습은 마치 얼음이 녹는 것과 같고, 소박한 모습은 마치 다듬지 않은 원목과 같다.
겸허한 모습은 마치 계곡처럼 깊고, 혼돈된 모습은 마치 혼탁한 물과 같다.

누가 이 혼탁함을 깨끗이 씻어 점차로 맑게 할 수 있을까?
누가 안정됨을 움직여 서서히 살아 움직이게 할 수 있을까?
이 도를 온전하게 간직한 사람은 가득 채우려 하지 않는다.
채우려 하지 않기 때문에 새로운 것을 이루려고 꾀하지 않는다.

『노자』 '도덕경' 15장 중에서

노자는 소통의 달인을 도道를 깨친 사람으로 표현했다. 도道를 깨친 사람은 대상을 관찰하는 특별한 능력을 가진 사람이다. 대상을 꿰뚫어 볼 수 있기에 완전에 가까운 소통을 할 수 있는 것이다.

도로써 대상을 관찰하는 사람은 신중함이 겨울에 언 강을 건너는 것과 같다. 관계 맺는 대상이 얼마나 귀한 존재인지 알기 때문이다.

도로써 대상을 관찰하는 사람은 삼가는 모습이 사방의 이웃을 두려워하는 듯하다. 관계 맺는 대상이 살아 있는 존재임을 알기 때문이다.

도로써 대상을 관찰하는 사람은 엄숙한 모습이 마치 손님과 같다. 관계 맺는 대상이 나를 살리는 존재임을 알고 있기 때문이다.

도로써 대상을 관찰하는 사람은 온화한 모습이 마치 얼음이 녹는 것과 같다. 관계 맺는 대상이 고맙기 때문이다.

도로써 대상을 관찰하는 사람은 소박한 모습이 마치 다듬지 않은 원목과 같다. 관계 맺는 대상이 나와 한 몸이라는 것을 알기 때문이다.

도로써 대상을 관찰하는 사람은 겸허한 모습이 마치 계곡처럼 깊다. 관계 맺는 대상이 무궁하기 때문이다.

도로써 대상을 관찰하는 사람은 혼돈된 모습이 마치 혼탁한 물과 같다. 관계 맺는 대상이 변화무쌍한 신비한 존재임을 잘 알기 때문이다.

대상을 온전히 관찰한다는 것은 쉬운 일이 아니다. 분노가 일어나면 혹시 대상에 대한 관찰에 문제가 없었는지 점검해 보기를 권한다.

관찰 능력이 부족해도 분노는 작동을 개시한다.
관찰은 서로에 대한 존중이 깔려 있어야 한다.
나 중심의 일방향적인 사고는 대상을 무시하는 태도다.

READY TO
NO CULTURE CAN LIVE IF IT ATTEMPTS TO BE EXCLUSIVE.
MY SOUL
NO
RACE
GENDER
COLOR
REFUGEES
ARE WELCOME HERE

不몰입 분노 유형

선택과 집중이 필요한 때

우리나라는 에너지가 넘치는 나라다. 저녁시간 영업도 부족해 24시간 영업을 하는 곳도 많다. 아침에 출근을 하다 보면 아침까지 술을 마시는 사람을 가끔 보게 되는데 가끔 그들의 넘치는 에너지가 부럽기도 하다.

나는 개인적으로 술자리는 즐기는 편이다. 술자리에서 사람과 사람 사이의 정서적 동질감을 쉽게 느낄 수 있기 때문이다. 그러나 체질적으로 술을 많이 마시지는 못한다. 그래서 술자리에서는 컨디션에 따라 주량을 조절하느라 나름 신경을 쓴다.

사람에게 주어진 에너지는 각자 다르다. 그 역량을 잘 알고 적절하게 사용하는 능력은 매우 중요하다. 사람마다 주어진 에너지의 양도 각기 다르다. 태생적으로 에너지가 넘치는 사람도 있으며 후천적으로 에너지를 잘 관리하는 사람도 있다. 또한 외부로 발산하는 유형이 있는가 하면 안으로 수렴하는 유형도 있다. 에너지의 발산 부위도 각기 다르다. 머리에 집중하는 사람이 있는가 하면 손발에 집중하는 사람도 있다. 에너지의 흐름에도 타이밍이 빠른 사람이 있는가 하면 느린 사람도 있다.

에너지 관리를 잘하는 사람은 이러한 특징들을 두루두루 고려해 때에 맞게 적절하게 자기 에너지를 관리하며 사용할 줄 안다. 그래서 에너지를 몰입해서 사용하는 사람은 지혜롭다. 몰입은 목적을 이루기 위해 에너지를 하나로 집중시키는 능력이다. 몰입은 일의 성과를 높일 뿐만 아니라 여유를 확보할 수 있는 기회를 준다. 하늘은 모든 사람에게 물리적으로 동등한 시간을 주지만 사람의 몰입 정도에 따라 그 시간의 질이 달리 사용되는 것이다.

그렇다면 몰입을 잘할 수 있는 방법에는 어떤 것이 있을까. 크게 세 가지를 꼽을 수 있다.

첫째, 집중과 집착을 구분할 수 있어야 한다. 집중은 관계 맺는 대상을 내가 주관해서 선택하는 행위다. 반면 집착은 관계 맺는 대상에게 이끌려가는 행위다. 예를 들어 똑같은 드라마를 시청할 때도 내가 여가시간을 할애해 필요한 것을 필요한 만큼 볼 수 있다면 그것은 집중이다. 그러나 해야 할 일을 미뤄가며 드라마 시간에 나의 일정을 맞춘다면 그것은 집착이다.

둘째, 의욕과 욕심을 구분할 줄 알아야 한다. 의욕이 나의 역량에 맞는 가치의 선택이라면, 욕심은 대상에 대한 소유 욕구를 충족하려는 마음이다. 요리사 자격증을 준비한다고 가정해보자. 의욕은 어떤 뚜렷한 목적에 의해 그 자격증이 필요한 경우다. 반면 욕심은 자격증은 많을수록 좋으니 따 둔다는 개념이다.

셋째는 단순성과 단면성을 구분해야 한다. 단순성은 복잡한 것을 기준이나 중심을 세워 단순화 과정을 거쳐 정리한 것이다. 반면 단면성은 현상에 대해 일부분만을 보고 판단하는 경향을 말한다.

● 결혼 전 남들이 부러워하는 대기업 비서실에서 근무했던 윤희 씨는 결혼 후 남편의 사업 내조와 육아 문제로 아쉽게 직장을 그만뒀다.

시간이 흘러 남편도 사업을 정리했고 아이도 중학생이 되자 윤희 씨는 다시 일을 할 수 있을 것 같았다. 그러던 중 자녀교육 문제로 최근 트렌드 교육을 받던 그녀는 남을 가르치는 일이 의외로 자신의 적성에 맞는다는 생각이 들었다. 그래서 경력단절을 딛고 40대 중반의 나이에 강사활동을 할 수 있는 직장에 취직을 했다.

하지만 모든 게 순탄치 않았다. 일을 시작함과 동시에 생긴 그녀의 빈자리 때문에 가족 간의 갈등이 일어났기 때문이다. 출근을 해도 시부모님, 남편, 자녀 걱정이 머릿속에서 떠나지 않아 일도, 가정도 엉망진창이 되고 있는 상황. 혹시 이런 자신이 회사에 누가 되지는 않을까 하는 걱정까지 겹치면서 윤희 씨는 요즘 극도의 스트레스를 받고 있다.

'不몰입 분노 유형'에 해당하는 사례다.

몰입하는 능력이 부족해도 분노가 올라온다. 일이나 공부에 에너지를 쏟았는데 그에 합당한 성과가 나오지 않으면 본인 당사자나 보는 사람 모두 분노를 느끼게 된다. 이는 에너지 사용에 결함이 감지됐기 때문이다.

윤희 씨 역시 분노를 다스리기 위해서는 몰입하는 능력을 길러야 한다. 우선 시간과 공간에 대한 개념을 다시 정비해야 한다. 전업주부일 때와 직장 생활할 때의 시간 사용은 다를 수밖에 없다. 동일한 양의 일이라도 시간개념을 바꾸면 몰입이 가능해진다. 공간에 대한 인식도 바꿔야 한다. 내가 지금 있는 곳이 가정인지, 직장인지 명확하게 구분하는 훈련이 필요하다. 무조건 슈퍼우먼이 되라는 이야기가 아니다. 나만의 에너지 특징을 파악하고 현재에 몰입할 수 있는 전략을 다시 세워야 한다.

소크라테스 : 그러면 이제 우리의 본성이 교육을 받았을 때와 받지 않았을 때의 차이를 알기 위해 다음과 같은 경우를 상상해 보게. 여기에 지하 동굴이 하나 있고 그 속에 사람들이 살고 있다고 상상한다면, 그 동굴 입구는 빛을 향해 열려 있고 긴 동굴이 펼쳐져 있을 것이네. 그 안의 사람들은 어릴 때부터 다리와 목이 사슬에 묶여 있어서 언제나 같은 곳에 머물러 있으며, 사슬 때문에 머리를 돌릴 수 없고 앞만 보도록 되어 있지. 그들 뒤의 위쪽에 불빛이 멀리서 그들을 비추고 있으며, 불빛과 죄수들 사이에는 길이 나 있고, 그 길을 따라

서 나지막한 담이 있네. 그 담은 그들 앞에서 꼭두각시 놀이꾼들이 인형을 보여 주기 위한 무대와 비슷하지.

글라우콘 : 이해가 갑니다.

소크라테스 : 그렇다면 이것도 생각해 보게. 그 담을 따라 사람들이 여러 종류의 도구와 입상과 돌이나 나무로 만든 동물의 형상이나 여러 가지 물건들을 운반한다고 할 수 있겠지? 그러면 그들 가운데 일부는 말하기도 하고 일부는 아무 말도 안 할 것이네.

글라우콘 : 선생님은 저에게 이상한 상상을 보이시는군요. 그리고 그들은 이상한 죄수들입니다.

소크라테스 : 우리 자신들과 같지. 그들은 단지 자신의 그림자나 다른 것의 그림자를 볼 뿐이지. 그 불빛이 동굴의 반대편 벽 쪽에 무엇을 비추겠나?

글라우콘 : 그들이 일생 동안 머리를 돌릴 수 없다면 어떻게 다른 것을 볼 수 있겠습니까?

소크라테스 : 그렇다면 그들은 운반되고 있는 물건도 그림자밖에 못 보겠지?

글라우콘 : 그렇지요.

소크라테스 : 만일 그들이 옆 사람들과 이야기할 수 있다면, 그들이 본 것을 실재하는 것으로 생각하지 않을까?

글라우콘 : 맞습니다. 분명히 그는 그것에 따라 여기에 도달할 것입니다.

소크라테스 : 그러고 나면 그가 전에 살던 곳을 생각하고 자기 신상

의 변화는 다행스럽게 여기지만, 그곳에서의 지혜와 함께 잡혀 있던 동료에 대해서 불쌍히 여기지 않을까?

플라톤의 『국가』 중에서

여기서 플라톤은 사물의 본질을 인식하라고 전한다. 대부분의 사람들은 현상의 허상을 쫓느라 많은 에너지를 낭비하고 있음을 동굴 속 사람들의 이야기를 통해 꼬집는다. 에너지를 잘 사용하는 사람들은 본질을 들여다보려고 애쓴다. 본질을 보기 위해서는 멍 때리는 여유가 필요하다. 멍 때리는 에너지는 본질을 보는 투자다. 성과 없는 사람에게 분노가 나타나는 것은 본질을 보라는 신호인 것이다.

현대인들은 불필요한 곳에 에너지를 많이 쏟는다. 지식과 정보는 많이 확보할수록 좋다는 인식도 에너지를 낭비하는 길이다. 나와 무관한 지식과 정보는 나의 에너지를 소진시킬 뿐이다. 더구나 불필요한 지식과 정보를 소유하느라 정작 나의 본질을 찾을 기회를 잃게 된다면 에너지의 낭비는 몇 곱절이나 커진다. 몰입은 본질을 찾으려는 노력에서 길러진다. 행복해지려면 몰입하라.

不상통 분노 유형

왜 늘 나만 이해해야 돼

온 가족이 모여 함께 공유할 수 있는 것은 무엇일까? 학교에서 교사와 학생, 학부모들이 함께 공유할 수 있는 것은 무엇일까? 이웃 간에 함께 나눌 수 있는 것은 무엇일까? 직장에서 전 구성원이 함께 공유할 수 있는 가치는 무엇일까? 대한민국 국민들이 함께 공유할 수 있는 것, 전 인류가 함께 바라보는 곳은 어디일까? 함께한다는 것은 무슨 의미일까?

● **정아 씨는 요즘 무슨 말만 하면 짜증을 내는 중2 딸 때문에 순간순간 화가 치민다. '사춘기 아이들이 다 그렇지' 하며 참아보려고 무척 애를 쓰고 있**

지만 "싫어! 싫다니까, 왜 그래!", "내가 알아서 하는데 왜 간섭해."라며 버럭 화를 내고 자기 방으로 들어가 문을 잠글 때면 자신도 모르게 분노가 폭발해 버리고 만다. 얼마 전에는 교복 치마를 줄여와 "엄마에게 상의도 없이 그게 무슨 행동이야."라고 꾸짖었더니, "교복은 내 것인데 왜 엄마 허락을 받아야 하는지 모르겠다."며 도리어 화를 내는 딸을 보고 정말 기가 막혔다. 정아 씨는 이런 상태가 지속된다면 딸을 고등학교는 기숙사가 있는 학교에 보내 버리고 싶었다.

분노 유형 가운데 '不상통 분노 유형'에 해당하는 사례다.

서로 통하지 않으면 분노는 그 틈을 타고 발생한다. 사람 사이에 통하지 않는 것만큼 고통스러운 일도 없다. 그것도 가까이에서 늘 마주치는 사람과 서로 다른 곳을 보고 산다는 것은 하루하루가 고행일 것이다. 위 사례에서 정아 씨는 딸과 떨어져서 살고 싶다고 고백했다. 아마 딸에게 물어도 같은 심경을 토로하지 않을까 싶다.

그러나 서로 피한다고 해결될 문제는 아니다. 통하는 길은 반드시 있다. 다만 우리가 그 길을 모를 뿐이다. 그 길을 찾아 나서는 것이 상통相通이다. 상통은 사람에게 행복을 주는 징검다리 역할을 한다. 행복을 맛보기 위해서는 서로가 서로를 잘 살피면서 공통의 마음이 보일 때까지 포기해서는 안 된다. 분노는 공통의 마음을 찾도록 서로에게 채찍을 가하는 것이다.

상통은 서로 다른 두 대상 사이의 교감이다. 서로의 교감지수가 높을수록 상통은 크다고 할 수 있다. 여기서 교감은 사랑이다. 서로가 잘 통하여 많은 것을 주고받을수록 사랑의 열기는 뜨거워진다.

반면에 두 대상이 형식적인 관계를 유지하거나 일방적인 관계를 맺을 때 사랑은 식는다.

이러한 관점에서 볼 때 우리 사회는 점점 사랑이 식어가고 있다. 그 원인은 짝사랑이다. 현대인들은 짝사랑을 즐긴다. 무엇이든지 함께보다는 혼자하기를 선호한다. 함께하려면 파트너에게 아쉬운 소리를 해야 하는데 그 아쉬운 소리하기는 귀찮고 자존심이 상한다. 굳이 그렇게까지 하지 않아도 살 수 있다. 자기 자존심을 지키기 위해 아쉬운 소리를 하지 않는 것, 이것이 짝사랑의 본질이다. 게다가 요즘 그 아쉬움을 채워 주는 또 다른 파트너가 등장했다. 바로 인터넷과 휴대폰, 가상공간이다. 이 도구들은 나의 아쉬움을 발 빠르게 알아차리고 그 욕구를 손쉽게 채워 준다. 물론 이러한 파트너들이 상통의 도구인 것만은 틀림없다.

그러나 진정한 사랑은 서로의 아쉬움을 고백하고 교감하여 채워 주는 데서 나온다. 아쉬움이 상통의 전제조건인 것이다. 아쉬움의 신호가 나타나면 서로의 속을 알아차리고 교류하는 것이 상통의 프로세스이다. 짝사랑은 추억이지 참사랑은 아니다. 참사랑을 위해서는 아쉬움에 예민해야 한다. 나와 나 사이의 아쉬움, 나와 너 사이의 아쉬움, 나와 너 그리고 우리 사이의 아쉬움을 잘 살펴야 참사랑을 이룰 수 있다.

맹 선생님께서 말씀하셨다.
풍년에는 젊은이들이 대개 넉넉하지만 흉년에는 젊은이들이 포악하게 된다. 이것은 하늘이 부여한 그들의 재주가 이렇게 다른 것이 아니라 그들이 마음 쓰는 바가 그렇게 만드는 것이다. 지금 밀을 파종하고 씨앗을 덮는데 땅이 같고 심는 시기가 같으면 무럭무럭 자라서 일지日至 때 모두 익는다.

이때 비록 수확량이 똑같지 않다면 그것은 땅의 비옥하고 척박함에 따라 다르며 비와 이슬이 내려 주는 기후 조건, 들어간 인간의 노력이 같지 않았기 때문이다. 그러므로 무릇 동류인 것은 대부분 서로 같은 법이다. 그런데 어찌 인간에 대해서만 유독 그러한 사실을 의심하겠는가? 성인도 나와 같은 부류의 사람인 것을!

그래서 용자께서 "발 크기를 잘 모르면서 신을 만들더라도 그가 삼태기를 만들지는 않으리라는 점을 안다."라고 하셨으니 신발이 서로 비슷한 것은 천하의 발 크기가 대부분 같기 때문이다.

입이 즐기는 맛도 같은 점이 있다. 역아는 우리 입이 즐기는 것을 먼저 알았던 자이다. 만일 맛에 대해서 입의 본성이 남과 다르기가 마치 개와 말이 내가 좋아하는 것과 다른 것처럼 다르다면 천하 사람들이 어떻게 한결같이 역아의 맛을 따르겠는가? 맛의 경우에 천하 사람들이 모두 역아가 되기를 바란다. 이것은 천하 사람들의 입맛이 같기 때문이다.

귀도 또한 마찬가지다. 소리에 대해서는 천하 사람들이 모두 사광이 되고자 한다. 이것은 천하 사람들의 듣는 귀가 같기 때문이다.

눈도 또한 마찬가지다. 자도에 대해서는 천하 사람들이 그녀의 아름다움을 모르는 사람이 없다. 자도의 아름다움을 모르는 사람은 눈이 없는 자이다.

그러므로 입은 맛에 대해 동일한 기호를 가지고, 귀는 소리에 대해 동일한 청각을 가지고 있으며, 눈은 색에 대해 동일한 색감을 가지고 있다고 할 수 있다.
그런데 어떻게 유독 사람의 마음만은 공통점이 없겠는가? 사람들의 마음에서 공통점은 무엇일까? 그것은 도리이고 의리이다. 성인이란 인간의 마음의 공통점을 먼저 체득하신 분이다. 그러므로 이理와 의義가 우리 마음을 즐겁게 하는 것은 추환이 우리들 입을 즐겁게 하는 것과 같다.
『맹자』 '고자'편 중에서

처음부터 다른 마음을 가지고 세상을 삐딱하게 바라보는 사람은 없다. 갓난아기는 엄마와 눈빛만으로도 상통한다. 조금만 불편한 모습을 보여도 금세 알아차리고 기저귀를 갈아주거나 먹을 것을 챙겨 준다. 상통하려는 마음의 준비가 되어 있기 때문이다.

상통이 어려워지는 이유는 맹자의 말대로 '마음 쓰는 바가 달라지기 때문'이다. 한쪽 마음이 사심私心으로 기울면 상대 마음도 사심으로 응대한다. 사심과 사심은 부딪치면 부딪칠수록 더욱 멀리 도망치려는 속성이 있다. 서로가 서로를 속이고 있기 때문이다. 이때의 분노는 사심을 잠재우라는 신호다. 그 신호를 적극적으로 수용하고 나와 대상 사이의 초심을 찾아내야 한다. 상통은 처음 마음에서 잘 나타나기 때문이다. 상통하는 성인聖人은 처음 마음을 체득하고 그것이 변하지 않도록 잘 지키는 사람이다. 상통은 분노를 줄이고 행복지수를 높여주는 엔도르핀이다.

不협력 분노 유형

세상에 공짜는 없다

내가 생일파티에 대해 이야기하자 그들은 열심히 귀를 기울였다. 나는 케이크와 축하 노래, 생일 선물 등을 설명하고, 나이를 한 살 더 먹으면 케이크 꽂는 양초의 수도 하나 더 늘어난다고 이야기했다. 그들이 물었다.

"왜 그렇게 하죠? 축하란 무엇인가 특별한 일이 있을 때 하는 건데, 나이를 먹는 것이 무슨 특별한 일이라도 된다는 말인가요? 나이를 먹는 데는 아무 노력도 들지 않아요. 나이는 그냥 저절로 먹는 겁니다."

내가 물었다.

"나이 먹는 걸 축하하지 않는다면, 당신들은 무엇을 축하하죠?"

그러자 그들이 대답했다.

"나아지는 걸 축하합니다. 작년보다 올해 더 훌륭하고 지혜로운 사람이 되었으면 그걸 축하하는 겁니다. 하지만 그건 자기 자신만이 알 수 있습니다. 따라서 파티를 열어야 할 때가 언제인가를 말할 수 있는 사람은 자기 자신뿐이지요."

말로 모건의 『무탄트 메시지』 중에서

호주에 사는 원주민들은 생일의 기준이 우리와 다르다. 우리는 물리적으로 정해진 태어난 날을 생일로 여기는 반면 그들은 자기 자신이 스스로 성장했다는 판단이 들면 구성원들에게 통보하고 그 능력을 선보이는 날을 생일축하의 날로 칭한다. 또 내가 스스로 새로운 사실을 깨달았거나 남에게 도움을 받기만 하다 다른 사람에게 무엇인가 도움을 준 날도 생일거리가 된다. 그래서 이들에게 생일은 시시때때로 행해지는 성장과 발전을 축하는 잔칫날로 통한다. 어느 생일개념이 더 낫다고 판단하기는 어렵다. 하지만 '이 세상의 공짜는 없다'는 정신을 실천하고 있는 점은 배워야 하지 않을까?

● 대학교 1학년 딸을 둔 선미 씨는 최근 자기 방 관리를 제대로 하지 못하는 딸의 버릇을 고쳐야겠다는 생각에 특단의 조치를 내렸다. 딸의 방에는 늘 먹다만 과자 봉지가 그대로, 빨래도 그대로, 책도 여기저기 그대로였다. 중학교 때까지는 아직 어려서 철이 덜 들어 그러려니 하고 지나쳤다. 그런데 고등학생이 되도록 달라지는 게 없었다. 어릴 때부터 꾸준히 잔소리를 해왔지만 그때만

잠시 치우는 척하고 다시 제자리걸음이었다.

급기야 선미 씨는 딸에게 방을 치우지 않으면 늘어놓은 물건들을 다 버리겠다고 통보했다. 그런데 딸은 아랑곳하지 않고 등교를 해버렸다. 선미 씨는 예고했던 대로 대형 쓰레기봉투를 들고 딸의 방에 들어가 치우지 않은 물건을 몽땅 담아 현관 앞에 내놓고 모르는 체했다. 다음 날 아침에 보니 딸은 선미 씨가 내놓은 봉투를 가져다 자기 방에 다시 잘 정리해 놓았다. 선미 씨도 딸도 그 문제에 대해 더 이상 거론하지 않았고 한동안 방 관리가 제대로 이뤄졌다. 덕분에 아이의 방을 치울 때마다 화가 치솟았던 선미 씨의 분노도 사르르 녹아 없어졌다.

그런데 2주쯤 지났을까? 아이의 습관이 서서히 고개를 들기 시작했다. 그래서 선미 씨는 곧바로 지난번과 같이 쓰레기봉투에 쓸어 담아 이번에는 더 멀리 내다 버렸다.

딸에 대한 선미 씨의 분노 유형은 '不협력 분노 유형'에 해당한다.

협력하는 능력이 떨어지면 분노가 발생한다. 협력은 공동체에서 구성원들 사이에 길러야 할 필수 덕목이며, 조직 속에서 각자 자기 몫을 해내는 능력이다. 구성원들은 그때그때 상황에 따라 서로의 빈 곳을 채워야 모두가 성장하는 시너지 효과를 얻을 수 있다. 협력은 곧 시너지이기도 하다. 구성원 가운데 약자가 있다고 해서 무조건 돕는 것은 협력이 아니다. 그 약자에게 알맞은 역할을 스스로 발견하고 수행할 수 있도록 기회를 주어야 한다.

조직 내에서 N분의 1 방식의 할당 역시 협력의 모습은 아니다. 이 방식은 자발적 동기의 가능성을 차단해 버린다. 사람은 기계가 아니기 때문에 서로의 협력정신이 존중될 때 그 시너지가 빛을 발한다. 그런 점에서 딸의 행동에 대한 선미 씨의 대응은 협력을 가르쳐 주는 긍정적 방법이라고 볼 수 있다. 가정은 가장 최소한의 조직사회이며, 그 속에서 각자는 주인의식을 가지고 배려하는 마음으로 자기 몫을 수행해야 한다.

가장 훌륭한 덕德은 억지로 하는 덕이 아니기 때문에 덕이 있다.
가장 낮은 덕은 덕을 잃으려 하지 않기 때문에 덕이 없다.
가장 훌륭한 덕은 억지로 일을 하지 않으며 억지로 일을 할 마음도 없다.
가장 낮은 덕은 억지로 일을 하지 않지만 억지로 일을 할 마음이 있다.
가장 훌륭한 인仁은 억지로 일을 하지만 억지로 일을 할 마음은 없다.
가장 훌륭한 의義는 억지로 일을 하면서 억지로 일을 할 마음도 있다.
가장 훌륭한 예禮는 억지로 일을 하지만 아무도 응해 주지 않기 때문에 소매를 걷어 올리고 남을 잡아끈다.
그러므로 도道를 잃은 다음에 덕德이 나타나고, 덕德을 잃은 다음에 인仁이 나타난다.
인仁을 잃은 다음에 의義가 나타나고 의義를 잃은 다음에 예禮가 나타난다.
예禮는 성실함과 소박함이 엷어진 것이며 혼란의 시작이다.
앞을 내다보는 것은 도道의 꽃이며 어리석음의 시작이다.
그러므로 대장부는 두터움에 처하고 엷음에 머무르지 않으며 열매에

처하고 꽃에 머물지 않는다.

그러므로 저것을 버리고 이것을 취한다.

『노자』 '도덕경' 38장 중에서

"가장 훌륭한 덕德은 억지로 일을 하지 않으며 억지로 일을 할 마음도 없다."

노자는 억지로 하는 행위는 오래가지 못한다고 말한다. 생명력이 없다는 이야기다. 우리 사회는 자발성이 많이 부족하다. 특히 조직 속에서 활동은 수동적인 틀에 익숙해 있다. 학창시절부터 어쩔 수 없이 하는 문화에 익숙하다. 공부도 어쩔 수 없이 하고 시험도 어쩔 수 없이 본다. 직장도 어쩔 수 없이 다녀야 하고 맡은 일도 어쩔 수 없이 한다. 노자는 이렇게 '어쩔 수 없이'를 반복하다 보면 형식적인 틀에 갇히게 된다고 경고한다. 그것이 노자가 말하는 닫힌 인仁과 의義와 예禮의 틀이다.

자연은 우주만물에게 사시사철 변화에 맞게 각자의 역할을 하도록 질서를 부여했다. 그 역할을 자발적으로 발견하여 성실히 수행해야 자연과 더불어 지속적으로 함께 갈 수 있다. 만약 자기에게 주어진 역할을 제대로 하지 못하면 자연은 그 대상에게 부자연스러움으로 경고를 한다. 그 경고를 듣고 제 역할을 수행하면 다행이지만 그렇지 못하면 분노를 유발시킨다. 협력의 결핍으로 인한 분노는 개인뿐만이 아니라 그 조직 전체에게 손실을 가져온다. 시너지는 역방향으로도 작용하기 때문이다. 한 사람이 나태해지면 그 몫은 누군가는 해야 할 것이며 그 몫이 부당하게 다른 사람에게 전가되었다고 여겨지면 그것을 전달받은 사람은 그 일을 소극적으로 할 수밖에 없을 것이다.

따라서 협력은 전체를 보는 눈이 중요하다. 전체에 대한 인식이 클수록 빈 곳은 잘 보인다. 마치 축구경기에서 양 팀 선수들의 움직임을 모두 바라보면서 자신의 포지션과 역할을 수행해야 더 큰 성과를 낼 수 있는 것과 같다. 협력은 개인과 전체를 유기적으로 살리는 자연의 법칙이다. 이 법칙을 충실히 실천하는 개인이나 조직은 지속가능한 성장을 이룰 것이다.

不정의 분노 유형

제가 오지랖이 넓은 건가요

● 패스트푸드점 주방에서 아르바이트를 하던 승관 씨는 일을 서두르다 햄버거 사이에 넣는 재료를 바닥에 떨어뜨렸다. 함께 일하던 상사에게 죄송하다고 말하고 떨어뜨린 재료를 주워 쓰레기통에 버리는 순간 상사는 이게 얼마짜린데 버리느냐며 다시 꺼내서 쓰라고 말했다. 승관 씨는 이러면 안 되는데 하면서도 상사에게 반박할 수 없어 시키는 대로 했지만 그날 일이 계속 후회로 남았다.

● 민영 씨의 남편은 동네에서 '정의의 용사(?)'로 유명하다. 부부가 사는 연립주택 인근에서는 주차와 쓰레기 불법투기 문제로 이웃 간에 민원이 자주

발생하는데 그때마다 민영 씨의 남편이 나선다. 특히 지역 주민이 주차할 자리에 인근 상가 사람들이 주차를 하는 모습이 남편에게 발각되면 대판 싸움이 벌어진다. 그때마다 민영 씨는 주의 사람들의 원성을 살 것 같은 불안한 마음에 말려보지만 남편은 막무가내다.

쓰레기 문제는 더하다. 민영 씨 남편은 누가 쓰레기를 정규 봉투에 넣지 않고 버렸거나 신고하지 않은 물건을 버리면 이웃집을 일일이 방문해가며 범인을 찾는다. 얼마 전에는 구청에 민원을 제기해 동네에 방범용 CCTV를 설치하고, 쓰레기 불법투기가 발각될 때마다 밤새워 녹화기록을 확인하며 범인을 찾았었다. 남편의 행동이 잘못된 일은 아니지만 이웃들에게 왕따를 당하는 분위기가 느껴져 민영 씨는 너무 괴롭다.

● 지난 주말 부인과 마트에서 장을 보고 돌아오던 광석 씨는 비좁은 길에서 중학생 4명이 담배를 피우고 있는 모습을 목격했다. 학생들의 행동이 눈에 거슬려 훈계를 할까 하다 참고 지나가야 하니 길을 좀 비켜달라고 말했다. 그런데 길을 비키기는커녕 학생 중 하나가 광석 씨에게 욕설을 퍼붓기 시작했다. 더 이상 참을 수 없어 어느 학교에 다니느냐고 묻자, 이번에는 말끝에 쌍시옷을 붙여가며 욕을 하고 도망쳤다.

도망치는 학생을 잡아 학생의 집까지 간 광석 씨는 학생의 아버지에게 자초지종을 설명했고, 아버지는 그에게 사과했다. 그런데 광석 씨가 발걸음을 돌리는 순간, 아버지가 학생의 따귀를 때렸다. 집으로 오는 내내 광석 씨는 마음이 영 편치 않았다.

분노 유형 가운데 '不정의 분노 유형'에 해당하는 사례들이다.

사람은 정의롭지 못한 모습을 보면 분노가 치밀어 오른다. 부정의는 분노의 상당 부분을 차지하는 영역이다. 부정의는 사회의 공기를 탁하게 한다. 누구나 불쾌한 공기를 마시면 분노가 발생하지만 특히 사회공기에 예민한 사람은 물불을 가리지 않고 분노를 폭발시킨다. 부정의는 가시적으로 확인이 가능하며, 주위 사람들에게 당당한 근거를 제시할 수 있기 때문이다.

반대로 정의는 구성원 모두에게 유익한 맑고 깨끗한 공기와 같다. 깨끗한 공기는 누구나 원한다. 그러나 그것을 유지하기는 쉽지 않다. 사회구성원들의 협조가 절대적으로 필요하기 때문이다.

앞선 사례들은 부정의에 대한 분노상황의 다양한 표출을 보여준다.

첫 번째 사례는 부정의가 강자에게서 제공되는 경우다. 정의에 대한 강자와 약자의 대립은 인류 역사의 흐름만큼이나 흔한 싸움이다. 여기서 주목할 부분은 약자였다고 해서 계속 약자가 아니라는 사실이다. 승관 씨 역시 언젠가 강자의 위치에 서게 될 것이다. 그때 자신의 부정의의 기억을 반추하며 정의를 실천한다면 그것이 정의로운 사회를 만드는 길이다.

두 번째 사례는 정당한 분노를 어떻게 사용해야 하는지 보여 주는 경우다. 정당한 분노는 개인과 국가발전에 원동력이다. 그러나 누가 어떻게 사용하느냐에 따라서 전혀 다른 결과를 낸다. 정당한 분노라고 해서 모두가 긍정적으로 용납되는 것은 아니다. 정의를 실천하기 어려운 이유가 여기에 있다. 아무리 정당한 분노라 하더라도 그 사회가 용납하는 법과 규범을 벗어나서는 용납되기 어렵다. 정당한 분노라는 이름으로 다른 정의를 손상시키기 때문이다. 민영 씨의 남편은 교통질서와 거리질서라는 정의는 이뤄냈지만 그것보다 더 소중한 이웃 간의 믿음과 친분은 잃었다. 교통질서와 거리질서는 엄밀하게 말하면 공무원들의 몫이다. 불편하면 신고를 통하여 시스템적으로 개선되도록 하는 것이 더 지혜로운 행동이다.

세 번째는 정의는 작은 것부터 실천해야 이루어진다는 것을 알 수 있는 사례다. 대한민국은 언제부터인가 어른이 없는 사회가 되었다. 권위와 권위의식은 다르다. 권위가 없는 사회는 정의를 세울 수가 없다. 가정에서 부모가 자녀에게 아부하기 시작하면 그 끝은 걷잡을 수 없다. 그것은 통제의 개념을 상실해 버리기 때문이다. 학교에서 교사가 학생들에게 아부하기 시작하면 옳고 그름을 가르칠 수 없다. 그것은 자기 오만을 통제할 근거를 불신하기 때문이다. 국가를 이끄는 사람들이 국민에게 아부하기 시작하면 독버섯처럼 일어나는 이기심을 막을 길이 없다. 그것이 자기 기준이 정의라고 착각하기 때문이다.

맹자가 말하였다.

화살 만드는 사람이 어찌 갑옷 만드는 사람보다 어질지 못하리오? 그러나 화살 만드는 사람은 오직 사람을 다치게 하지 못할까 걱정하고 갑옷 만드는 사람은 오직 사람을 다치게 할까 걱정한다. 무당과 장의

사가 또한 그렇다. 그러므로 기술을 선택할 때는 삼가지 않을 수 없는 것이다.

공자께서 "마을에 어진 풍속이 있는 곳이 아름다우니 가려서 어진 곳에 거처하지 않으면 어찌 지혜롭다 하겠는가?"하셨다. 인仁은 하늘이 내리신 '높은 벼슬'이며 사람의 '편안한 집'이다. 아무도 막지 않는데도 불인不仁하니 이는 지혜롭지 못한 것이다. 어질지도 못하고 지혜롭지도 못하며 예禮도 없고 의義도 없으면 남에게 부림을 당하게 마련이다. 남에게 부림을 당하면서 부림당하는 것을 부끄러워하는 것은 활 만드는 사람이 활 만들기를 부끄러워하고 화살 만드는 사람이 화살 만들기를 부끄러워하는 것과 같다.

만일 부끄러워한다면, 인仁을 행하는 것보다 더 나은 것이 없다. 인자仁者의 자세는 활쏘기와 같다. 활 쏘는 사람은 몸을 바로 한 뒤에야 쏜다. 쏘아서 맞지 않아도 자신을 이긴 자를 원망하지 않고 돌이켜 자신을 반성할 따름이다.

『맹자』 '공손추'편 중에서

이 글에서 맹자는 정의라는 것은 결국 양심이니 자기 자신이 힘써 기르고 지켜나가야 함을 강조한다. 더불어 화살 만드는 사람과 갑옷 만드는 사람을 등장시킨 것은 사람의 직업 차별을 이야기하고자 함이 아니라 그 기술을 대하는 양심의 태도를 의미한다. 어느 자리에서 무엇을 하든지 양심을 기준으로 선택하고 실천하면 남에게 부림당하지 않는다는 것이다.

여기서 부림당한다는 것은 떳떳하지 못해 늘 남의 눈치를 보며 살아가는 사람을 일컫는다. 또한 정의는 활쏘기처럼 묵묵히 스스로 지켜나가는 것이지, 다른 사람이나 사회를 탓하는 것이 아님을 이야기한다. 아름다운 숲은 하루아침에 이뤄지지 않는다. 그와 마찬가지로 정의로운 사회는 한 사람 한 사람 양심의 땀방울이 모여 강물이 되고 그 강물이 모여 바닷물이 되듯 인내하고 또 인내하면 만들어진다. 정의가 살아 있는 사회는 분노가 들어설 자리가 없다.

不나눔 분노 유형

욕심도 고이면 썩는다

얼마 전 친구를 만났는데 평소와 달리 얼굴이 편안해 보였다. 무슨 좋은 일이 있었는지 물었더니 지난 주말에 지방에 있는 수양원에 다녀왔단다. 그곳에서 무슨 좋은 프로그램을 받았기에 그렇게 밝아졌는지 궁금해서 물었다. 눈에 띄는 특별한 프로그램은 없었다며 그곳에서의 생활을 귀띔해 주었다.

"전기도 들어오지 않는 산골에서, 작은 황토방을 2인 1조로 사용하며 1박 2일 동안 밥은 한 끼니밖에 먹지 않았다네. 공복에는 뜨거운 물을 마시고, 복식호흡을 하며 45도 정도 경사진 산 정상까지 쉬지 않고 올랐지. 예전에는 이 정도의 산행을 하려면 중간에 여러 번 휴식을 하면서 올라야 했는데, 복식호흡을 하면서 오르니 쉬지 않고 정상에 도달했는데도 숨이 가쁘지 않았어. 프로그램 진행자가 중간 중간 현대인들은 불필요한 소비 때문에 기가 낭비되고 있다고 하면서, 소식小食과 복식호흡, 비움에 대한 건강한 철학을 가지라고 말했네." 친구는 비용은 만만치 않지만 기회가 되면 다시 가고 싶다고 말했다.

이처럼 인간의 욕구는 조절이 가능하다. 자극적인 경험은 더욱 자극적인 욕구를 갈망케 한다. 매운 것을 좋아하는 지인이 있는데 그는 어느 식당에서 무슨 메뉴를 시키든지 청양고추를 특별히 주문한다. 언제부터 왜 매운 것을 좋아하게 되었는지 뚜렷한 기억은 없다. 그는 이제는 식습관이 되어버려서 맵지 않으면 원하는 맛이 잘 느껴지지 않는다고 한다. 이것은 개인의 기호습관이지만 지나치면 욕심으로 발전한다.

욕심은 주변 사람들에게 피해를 주게 된다. 습관은 정신적인 요소와 육체적인 요소가 결합되어 형성된다. 즉, 매운 식습관은 매운 것을 좋아한다는 생각의 습관과 매운 것에 익숙해진 미각의 습관이 동시에 작용한다. 따라서 매운 식습관을 조절하기 위해서는 우선 매운 것을 좋아한다는 생각을 의식적으로 통제해야 한다. 이 의지의 힘을 길러 가면서 동시에 매운 맛에 예민해진 미각을 여러 가지 맛으로 달래 주어야 한다. 위에서 예를 들었던 수양 프로그램은 아마도 현대인들의 욕심습관을 조절하는 데 초점을 둔 듯하다.

시청 민원실에서 근무하는 소현 씨는 최근 직장 상사 때문에 분노가 폭발했다. 상사는 평소에도 골치 아픈 민원인 전화가 걸려오면 일언반구 상의도 없이 소현 씨에게 전화를 돌렸다. 그날도 돌려진 전화를 무심결에 받았는데, 화가 머리끝까지 난 민원인이 그녀에게 갖은 욕설을 퍼부으며 호통을 쳤다. 이리저리 달래 민원사항은 잘 해결했지만 소현 씨는 이런 상황을 만든 상사에게 화가 나 온몸이 부들부들 떨렸다.

소현 씨의 분노 유형은 '不나눔 분노 유형'에 해당한다.

나눔이 부족해도 분노는 일어난다. 나눔의 반대어는 욕심이다. 욕심이 과하면 관계의 균형은 깨진다. 그 균형을 유지하라는 신호가 분노이다. 나눔은 대상과 함께하는 마음이다. 대상에 따라서 나눔의 양과 질이 달라진다. 소극적인 나눔은 내가 가지고 있는 것을 대상에게 그 일부를 건네주는 것이다. 봉사활동의 경우가 그렇다. 적극적인 나눔은 대상과 공동으로 분담하는 것으로 전통의 향약이나 두레를 예로 볼 수 있다.

소현 씨의 상사는 나눔의 개념이 없는 사람이다. 어렵고 난처한 민원일수록 경험이 풍부한 상사가 감당해야 할 몫이다. 그것이 나눔의 기본이다. 나눔은 맹목적인 동정심과 다르다. 동정심은 대상에게 의존적인 동정심을 키운다. 나눔은 인간적인 희망을 키워주기도 한다. 만약 상사가 나눔을 실천하는 모습을 보였다면 소현 씨를 포함한 민원실 직원들이 시민들을 더 긍정적으로 대할 수 있었을 것이다. 분명히 기억해야 할 것은 나눔은 희생이 아니다. 희생은 마음구석에 대가를 원하지만 나눔은 마음자리가 항상 제로다. 어떻게 보면 지금 소현 씨도 희생정신을 발휘하고 있다. 그리고 결국 그 희생이 분노의 씨앗을 키우고 있다.

이는 소크라테스의 주장인데, 그는 자제력이 없는 경우는 있을 수 없다고 생각하여, 인식이 다른 어떤 것에 지배되어 이리저리 끌려 다닐 수도 있다는 견해에 반대했다. 소크라테스는 누구도 자신이 최선이라고 판단한 것과 반대되는 행동을 하지 않으며, 오직 무지에 의해서만 그런 행동을 한다고 보았다.
하지만 사실을 관찰해 보면 이런 생각은 잘 맞지 않는다. 욕정에 빠지는 사람은 그것이 나쁜 줄 알면서도 빠진다. 또 술을 마시는 것이 건강을 해친다는 사실을 알면서도 술을 마시는 사람도 있다. 만일 자제할 줄 아는 사람에게 강하고 나쁜 욕정이 있다면, 절제하는 사람은 자제할 줄 아는 사람이 아닐 것이다. 왜냐하면 절제하는 사람에게는 지나치거나 나쁜 욕정이란 없으니 말이다. 그러나 자제할 줄 아는 사람에게는 그런 욕정들이 없을 수 없다. 자제는 욕정이 없는 것이 아니라, 어떤 욕정이 나쁘다는 것을 알고 그것을 따르지 않는 것이다.
한편, 그 욕정들이 약하기는 하나 나쁘지 않은 것이라면, 그것들에 저항한다고 해서 훌륭하다고 감탄할 필요는 없으며, 만일 그것들이 나쁘기는 하나 약한 경우에는 그것들에 저항하는 것이 대단한 것은 못된다. 만일 자제가 사람으로 하여금 어떤 억지 의견이나 모든 억지 의견을 받아들이게 한다면, 더구나 그것이 그릇된 의견마저 받아들이게 한다면 그것은 좋지 못한 것이다. 그리고 만일 자제력 없음이 어떤 억지 의견이나 모든 억지 의견을 쉽게 버리도록 한다면 '훌륭한 자제력 없음'같은 것도 있을 수 있다.

아리스토텔레스의 『니코마코스 윤리학』 중에서

현대인들은 자제력이 부족하다. 벌 수 있으면 필요 정도를 따지지 않고 벌어서 금고에 쌓아둔다. 먹을 수 있으면 먹을 수 있는 한 배를 채워 보려고 힘쓴다. 놀 수 있으면 놀 수 있는 한 그 쾌락의 끝까지 가 보려고 도전한다. 권력을 잡으면 그 권력을 부릴 수 있는 한 더 큰 권력을 위하여 목숨을 던진다. 아리스토텔레스는 이러한 무절제한 행동은 방종이며 그 끝은 분노라고 경고한다. 나눔은 인간적인 아름다움이다.

不예의 분노 유형

자꾸 참으니까 참깨로 보이냐

공자가 말하였다.

"제자들아, 집에서는 효도하고 사회에 나가서는 공손하라. 말과 행동을 신중하게 하여 믿음이 있게 하라. 모든 사람을 고루 사랑하되 특히 인자仁者를 가까이 하라. 이 모든 것들을 행하고 여력이 있으면 그 때 글을 배워도 늦지 않다."

『논어』 '학이'편 중에서

최근 한 기업체에서 인재 선발 기준에 인성검사를 통과한 자에 한해 서류제출과 면접 볼 기회를 준다고 밝혀 화제가 됐다. 보통 서류를 통과하고 면접에서 여러 가지 역량을 체크한 후 제일 마지막 단계에서 인성을 살피는 것이 관례였다. 인성은 큰 결격 사유가 발견되지 않는 한, 형식적인 요식행위에 불과했던 것이다.

그러나 입학이나 입사시험에서 상당 부분 인성역량을 평가하는 등 이제 인성도 실력의 범위 안으로 들어오려는 움직임이 활발하다. 이러한 시대의 흐름이라면 2500여 년 전의 공자의 말이 먼 옛날이야기만은 아닐 것이다. 공자가 하고 싶은 이야기는 지식과 기술은 결국 사람을 위해 필요한 것인데, 사람은 제쳐놓고 보여주기 위한 전시적인 스펙 쌓기에만 열중하는 것은 공부의 주객전도 현상이라는 논리다. 오늘날 우리 교육 현실의 정곡을 찌르는 말이다.

인성은 사람다움의 가치다. 사람다움의 가치는 예나 지금이나 존중되는 인간의 품위이다. 무엇이 사람다움이고 어떻게 살아야 사람답게 사는 것인지 그 기준을 정하는 것은 중요하면서도 어려운 문제다. 공자는 사람다움의 기준으로 인仁과 예禮를 들었다. 인은 정성을 다하는 사랑의 마음이고 예는 그 마음을 말과 행동으로 옮기는 실천이다. 사람다움의 품위는 그 사람의 말과 행동에서 나타난다는 것이다. 말과 행동을 적재적소에 가려서 하기란 쉬운 일이 아니다. 그래서 공자는 예의를 공부의 중요한 과목으로 삼았다.

사실, 예의는 과거보다도 오늘날에 더 필요한 요소가 되었다. 소셜네트워크 서비스의 발달은 몸짓 하나, 말 한마디 거르지 않고 실시간으로 전 세계에 공개된다. 말 한마디 잘해서 성공하는 사람이 있는가 하면, 잘 나가는 지도자나 연예인들이 말 한마디 잘못해서 그 자리에서 내려오는 경우도 허다하다. 이제 예의가 곧 실력임을 인식해야 한다.

● 윤선 씨가 운영하고 있는 웨딩홀에는 업무 특성상 20대 직원들이 대다수다. 젊은 직원들은 저마다 개성도 뚜렷하고 자기 의견을 자유롭게 얘기할 줄 알아 업무상 여러모로 이점이 많다. 그런데 가끔 언행이 너무 가벼워 문제가 되는 경우가 발생했다. 틈틈이 직원교육을 시켜봤지만 그때뿐이고 별 효과가 없자 윤선 씨는 개별적으로 불러 시정을 요구했다. 그때마다 직원들은 잔소리가 듣기 싫다는 티를 크게 내거나 그만둬버렸다. 직원이 자주 바뀌는 것은 경영적 측면에서 손실을 가져오기 때문에 요즘 윤선 씨는 이런 문제가 발생할 때마다 직원들과 어떻게 풀어야 할지 고민이다.

● 직장인 지훈 씨는 고교시절부터 친했던 친구와 퇴근 후 종종 만나 테니스를 즐긴다. 그런데 친구가 만날 때마다 20~30분씩 꼭 늦게 와 핑계를 대며 슬쩍 넘어가는 통에 점점 화가 났다. 처음에는 운동하는 것을 포기할까도 생각했지만 지금 상황에서 운동 파트너로 이만한 친구도 없어 이러지도 저러지도 못하고 있는 상황이다. 결국 본인도 약간씩 늦춰 나가는 방법을 택하고 있지만 만날 때마다 마음 한구석에 분노가 쌓여가고 있다.

● 시부모님 칠순을 맞아 제주도로 2박 3일 가족여행을 간 셋째 며느리 미영 씨는 여행 내내 당황스럽고 분노가 치밀었다. 맏며느리인 형님이 일정부터 코스, 식단, 쇼핑 등 모든 문제를 일방적으로 결정해 통보했기 때문이다. 평소

인성은 사람다움의 가치다.

사람다움의 가치는 예나 지금이나 존중되는 인간의 품위이다.

무엇이 사람다움이고 어떻게 살아야 사람답게 사는 것인지

그 기준을 정하는 것은 중요하면서도 어려운 문제다.

”

집안일에 이 핑계 저 핑계 대며 빠져나갔던 형님이 나서는 것도 얄미웠지만 손아래 동서라고 그냥 따르라며 무시하는 언행이 특히 더 불쾌했다. 함께 여행을 다녀오면 더 친해져야 하는데 그 후유증이 남아서인지 미영 씨는 오히려 전보다 형님이 불편해졌다.

분노 유형 가운데 '不예의 분노 유형'에 해당하는 사례들이다.

어느 쪽이든 예의가 없다 싶으면 분노는 치밀고 올라온다. 예의는 대인관계에서 정서를 움직이는 가장 예민한 기준이다. 따라서 분노를 유발하는 요소 가운데 상당 부분의 영역을 차지한다. 그 중요도만큼 예의를 지켜 나가는 것은 결코 쉽지 않다. 특히 예의를 실천하기 어려운 이유는 시대와 장소와 문화, 조직과 가치 등 그때그때마다 상황에 알맞게 대응해야 하기 때문이다. 즉, 변화의 요인이 너무 많기 때문에 기준잡기가 어렵다는 것이다.

공자는 이 복잡한 변화의 요인들을 단순화시키려 노력한 사람이다. 공자는 제자가 좌우명이 무엇이냐고 물으니 '용서'라고 했다. 이것은 '다른 사람을 대할 때 그 상황에서 나라면 어떤 마음으로 어떤 관계를 원할까를 먼저 생각해 보고, 바로 그 내 마음으로 상대를 대해 주라는 말'이다. 이것은 예나 지금이나 사람 사이에서 통할 수 있는 이상적인 예의의 기준이다. 이 기준은 논리적으로는 쉽게 이해가 가는데 일상생활에서 실천하기는 무척 어려운 이야기다. 그래서 예의도 공부가 필요한 것이다.

용서를 기준으로 위 사례들을 보면 분노를 일으키기 충분하다. 먼저 직장에서의 예의에 관한 문제가 쟁점인 첫 번째 사례를 살펴보자. 직장은 고객에게 충실한 서비스를 하기 위해서 모인 곳이다. 그 목적을 도달하기 위한 기준으로 서로 상대방의 입장을 헤아려 보고 언행을 해야 한다. 사장인 윤선 씨가 직원의 언행이 손님들에게 거슬린다고 판단했기 때문에 충고한 것은 예의에 맞다. 다만 윤선 씨도 그 직원의 입장에 서 볼 필요가 있다. 여러 가지 근무조건 등을 고려하여 사장의 입장을 주입하려 하기보다 고객의 입장을 고려한 더 나은 방법을 직원이 스스로 찾도록 하는 것도 한 방법이다.

두 번째 사례는 친구 사이의 예의에 관한 경우다. 이 경우 1차적으로 약속을 밥 먹듯이 어기는 친구는 예의가 없는 사람이다. 그러나 지훈 씨도 예의를 지킨 것은 아니다. 친구 사이의 신뢰에 금이 가기 시작했는데도 본질에서 물러서 있는 태도를 보인 것은 예의가 없는 행동이다. 함께 운동을 하지 못하는 한이 있더라도 끝까지 친구가 지각 문제를 고칠 수 있도록 돕는 것이 바람직하다.

세 번째 사례는 가족 사이에서 지켜야 하는 예의다. 사실 가족 사이의 예의가 가장 어렵다. 가깝기 때문에 서로 더 잘 보이고, 가깝기 때문에 쉽게 이해해 줄 것이라고 믿고 예의를 지키지 않는 경우가 많기 때문이다. 우선 1차적으로 미영 씨의 형님은 예의가 없는 사람이다. 사람이 둘 이상만 되어도 서로의 의사를 물어보고 의견을 조율해서 일을 추진하는 것은 당연한 예의다. 그러나 둘째와 셋째 며느리도 가족구성원으로서 예의를 지킨 것은 아니다. 평소 맏며느리와 원만한 관계를 맺지 못한 것도 문제였고, 여행 기간에도 독단적인 행동을 했을 때 정중히 손아랫사람의 입장에서 예의를 갖추어 이의를 제기해야 했다.

예의는 인간관계에서 서로의 정서를 존중해 주는 마음이다. 이미 상대의 마음에 대한 선입견이 서 있으면 고운 말이나 공손한 태도가 나오기 어렵다는 점을 기억하자.

이러한 여러 이유들은 종류가 서로 다르다. 이에 상응하는 사랑과 우정의 형태도 다르다. 그러므로 우정에는 '사랑할 만한 것'과 같이 세 가지 종류가 있다. 이러한 세 가지 우정과 관련하여 호혜적이고 상대방에게 인식된 사랑이 있는데, 이때 서로 사랑하는 사람들은 사랑하는 측면에서 서로에게 선을 희망하고 있다.
상대방의 유용성 때문에 서로 사랑하는 사람들은 상대방을 위해서가 아니라 오히려 상대방으로부터 얻은 어떤 선 때문에 사랑한다. 쾌락 때문에 사랑하는 사람들도 마찬가지다. 예를 들면, 기지 있는 사람들을 사랑하는 것은 그들의 품성 때문이 아니고 유쾌하기 때문이다. 그러므로 이러한 우정은 부수적일 뿐이다. 이때 사랑받는 사람은 그 사람됨 때문에 사랑받는 것이 아니고, 어떤 선 또는 쾌락을 제공하고 있기 때문에 사랑받는 것이다. 그러므로 이러한 우정은 상대방이 이전과 달라질 경우 쉽사리 소멸한다. 상대방이 더 이상 유쾌한 인물이 못 되거나 유용한 인물이 못 되면 그를 사랑하기를 그치기 때문이다.

그런데 유용한 것은 언제까지나 유용한 것이 아니고 늘 변하는 것이다. 그러므로 우정의 동기가 사라지면 우정도 소멸한다. 이런 우정은 그와 관련한 목적 때문에 존재했던 것이다. 이러한 종류의 우정은 주로 노인들 사이에 존재하는 듯하며, 또한 장년이나 청년의 경우에는 공리를 추구하는 사람들 사이에서 존재하는 것 같다.

한편, 젊은 사람들 사이의 우정은 쾌락을 목표로 삼는 것 같다. 그들은 감정의 변화에 따라 생활하고, 자신들에게 쾌락을 주는 것, 특히 눈앞에 있는 것을 추구하기 때문이다. 그러나 나이가 들어감에 따라 그들의 쾌락도 달라진다. 그래서 친구가 되는 것도 빠르고 결별하는 것도 빠르다. 그들의 우정은 유쾌하게 여겨지는 것이 변함에 따라 변한다. 그러한 쾌락은 급히 변한다.

아리스토텔레스의 『니코마코스 윤리학』 중에서

아리스토텔레스는 '예의는 서로 선善를 지켜가는 것'이라고 정의했다. 각자 주관적인 기준으로 관계를 맺다 보면 이해적으로 흐를 수 있다. 따라서 사람 사이에 좋은 관계를 유지하기 위해서는 객관적인 기준이 필요하다. 공자의 '용서'와 아리스토텔레스의 '선', 이 둘의 공통점은 예의가 단순한 에티켓의 차원을 넘어선다는 점이다. 예의도 결국 겉으로 표현되는 언행이지만 그 뒤에 있는 사람을 사랑하는 마음이 더욱 중요하다. 5천 년의 역사 속에 숨 쉬고 있는 이 땅의 예의의 정신을 찾아서, 현대사회에 맞게 리모델링하여 가장 한국적인 예의를 당당하게 수출하는 그날을 꿈꾸어 본다.

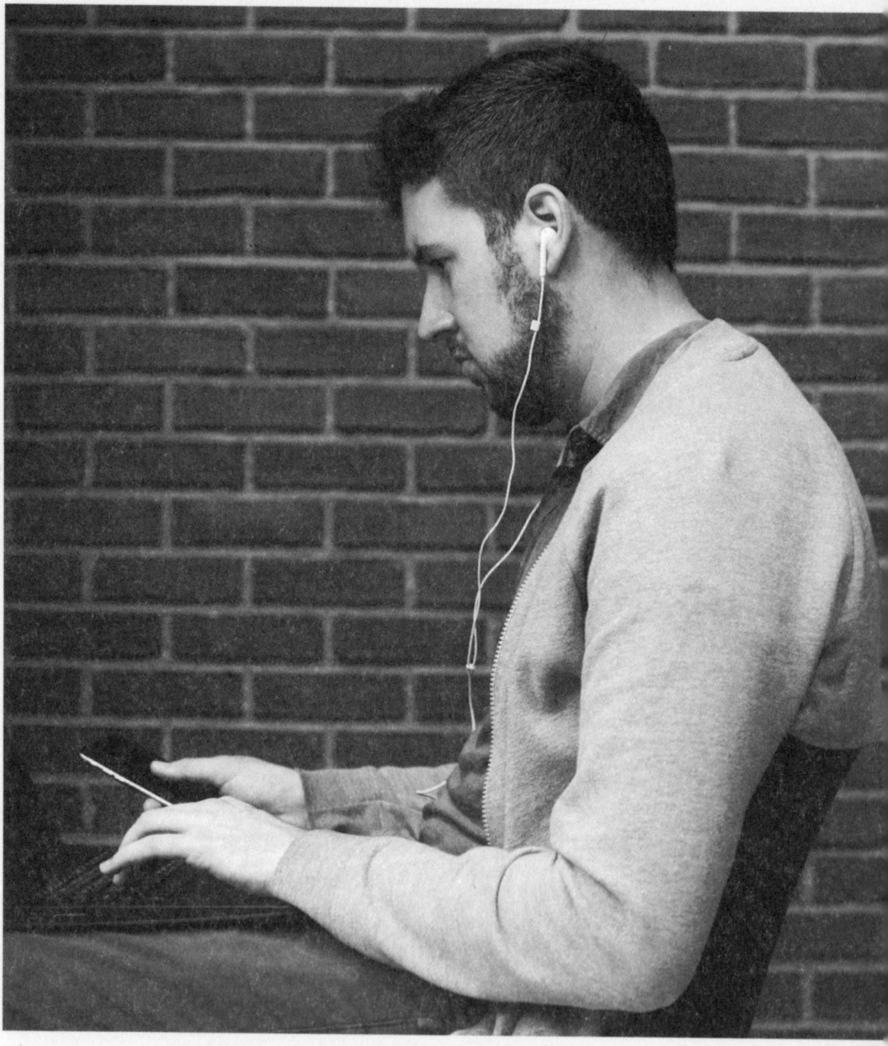

예의는 인간관계에서 서로의 정서를 존중해 주는 마음이다.
이미 상대의 마음에 대한 선입견이 서 있으면
고운 말이나 공손한 태도가 나오기 어렵다는 점을 기억하자.

不포용 분노 유형

안아줘요! 안아달라니까요

지방에서 강의를 마치고 강의실을 나오려는데 40대 후반 정도 되어 보이는 한 여성이 뒤따라 나서면서 필자에게 분노가 없느냐고 물었다. 그 대답에 앞서서 왜 그것이 궁금하냐고 물었다. 그랬더니 자기를 비롯하여 자기 주위의 사람들은 분노가 많은데 교수님은 분노가 없는 듯해서라고 답했다.

사람에게 분노가 있느냐, 없느냐고 묻는 것은 질문에 문제가 있다. 사람은 누구나 분노를 느낀다. 따라서 언제, 누구에게, 무엇 때문에 분노가 발생한 적이 있는지 묻는 것이 맞다. 그녀에게 최근에 언제, 누구에게, 무엇 때문에 분노가 발생한 적이 있느냐고 다시 물었다. 대답인 즉, 얼마 전 우연히 남편의 휴대폰 문자를 보게 되었는데 마치 애인과 대화하는 듯한 사적인 감정의 내용을 보게 되었다고 한다. 그가 누구냐고 따져 묻자 남편은 같은 직장에 근무하는 직원이라고 했다. 그래서 그런 식의 대화는 용납할 수 없으니 앞으로 주의해 달라고 남편에게 경고를 했는데도 불구하고 별것 아니라는 말만 반복하고 있다는 것이다. 그녀는 너무 분통해하며 나중에는 말을 잇지 못했다. 그 상황에서 딱히 뭐라 말하기 묘해서 다음에 이야기를 나누기로 하고 발길을 옮겼다.

● 엄격한 부모 아래 맏아들로 자란 민우 씨는 부모님의 권유로 중매결혼을 했다. 꼼꼼한 부모님이 어련히 알아서 잘 고르셨을까 하는 믿음과 부모님이 추천한 배필을 선택하면 이후에도 책임을 나눌 수 있다는 생각에 선뜻 결혼을 허락한 것이다. 그런데 결혼 후 민우 씨는 단 하루도 마음 편히 살지 못했다. 부인은 경제적인 부분부터 가정생활까지 일일이 남들과 비교하며 부족함을 지적했기 때문이다. 게다가 사사건건 간섭이 너무 심했다. 급기야 부인은 점차 바깥출입도 하지 않고, 사람들과의 왕래도 끊기 시작했다. 혹시 더 큰일이 나지 않을까 싶어 정신과 치료도 권해봤지만, 그마저도 딱 한 번 받더니 돈이 든다며 거절하고 있다. 민우 씨도 아이들도 아내, 엄마의 눈치를 보느라 심정적으로 많이 힘든 상황이다.

분노 유형 중 '不포용 분노 유형'에 해당하는 사례이다.

포용包容이 결핍되어도 분노가 발생한다. 포용은 상대보다 한

차원 더 높아야 가능하다. 서로 비슷한 조건끼리는 포용하기 어렵다. 포용은 대상에 대한 절대적인 믿음에서 나온다. 그래서 특히 포용의 덕목은 가족 사이에서 많이 적용된다. 가족 구성원들은 서로가 서로를 포용해야 한다. 대개는 조부모가 부모를, 부모가 자녀를 포용한다. 그러나 서열에 따라 포용이 진행되어야 하는 것은 아니다. 사람에 대한 절대적인 믿음의 관계는 서열과는 무관하기 때문이다.

민우 씨 부부의 사례는 부부 모두가 믿음에 대한 의지가 부족한 것이 문제의 발단이었다. 우선 민우 씨가 배우자를 선택하는 과정에서 자신의 의지보다 책임을 부모에게 전가하려는 쪽에 무게를 둔 것부터가 문제다. 설령 그렇게 결혼을 했더라도 더욱 서로가 믿음을 확인하고 지켜나가기 위하여 노력을 했다면 위와 같은 상황은 발생하지 않았을 것이다. 특히 부부 사이의 믿음의 문제는 어느 한 쪽의 일방적인 경우보다는 쌍방향의 문제로 접근하는 것이 더 합리적이다. 결혼의 전제는 쌍방 간의 믿음에 대한 합의에서 출발하기 때문이다.

노나라에 왕태라는 사람이 있었다. 왕태는 형벌을 받아 발 하나가 잘린 사람이었다. 그러나 왕태를 따르는 제자가 공자의 제자와 맞먹을 만했다.

상계가 공자에게 물었다.

"왕태는 외발인데 따르는 자가 선생님의 제자와 노나라를 둘로 나눌 정도입니다. 왕태는 서서 가르치지도 않고, 앉아서 논하지도 않는다는데, 사람들이 빈손으로 가서 가득 채워서 돌아온다고 합니다. 정말로 말을 하지 않고 가르칠 수 있을까요? 왕태는 밖으로 드러내지 않아도 마음이 완성된 분일까요? 왕태는 어떤 사람일까요?"

공자가 대답했다.

"왕태는 성인이시다. 나는 아직 찾아뵙지 못했지만, 앞으로 그분을 스승으로 모실 작정이다. 그러나 나보다 못한 사람이야 말할 게 있겠느냐? 노나라 사람뿐 아니라 온 세상 사람들을 이끌고 그분을 따르려 한다."

상계가 말했다.

"그분은 외발인데, 선생님보다 훌륭하다니 보통 사람은 아니겠군요. 그런 분의 마음 씀씀이는 뭔가 다르겠네요."

공자가 말했다.

"살고 죽는 일은 아주 큰 문제이지. 하지만 살고 죽는 일도 그분을 변하게 하지는 못한다. 하늘과 땅이 뒤집혀도 그분을 전혀 움직이지 못하지. 그분은 진리를 깨달은 분이라 사물 따위에 따라서 변하지 않는다. 사물의 변화를 자연의 문명으로 알고 그대로 따르면서 도의 근본을 지키는 마음을 갖고 있는 분이니라."

상계가 물었다.

"무슨 말씀이신가요?"

공자가 대답했다.

"다른 입장에서 보면 하나의 몸 안에 있는 간이나 쓸개도 초나라와 월나라의 관계와 같지만, 같은 입장에서 본다면 만물은 모두 하나이지. 왕태 같은 분은 눈으로 즐기고 귀가 좋아하는 것들을 모르신다. 만물을 똑같은 것이라고 볼 뿐 바깥 모습의 변화 따위는 보지를 않아. 그래서 발이 하나 잘려도 그 일을 옷에 묻은 흙을 털어 내는 일 정도로 생각할 뿐이지."

상계가 말했다.

"그분은 지혜로 마음을 터득하고, 터득한 마음으로 흔들리지 않는 수준까지 올라가는 등 자기수양만 했을 뿐인데, 왜 사람들이 이렇게 모여들까요?"

공자가 대답했다.

"사람이란 게 말이다, 상계야. 흐르는 물에는 자기 모습을 비춰 볼 수 없지 않느냐. 다만 고요한 물에서만 자기 모습을 비춰볼 수 있다. 오직 고요한 물만이 자기 모습을 보려고 하는 사람들을 머무르게 할 수 있다. 땅의 식물 가운데 소나무와 잣나무만이 사시사철 푸르다. 목숨을 받은 사람들 가운데 요 임금과 순 임금만이 사람들을 올바르게 만들어 만물의 으뜸이 되셨다.

『장자』 '덕충부'편 중에서

"다른 입장에서 보면 하나의 몸 안에 있는 간이나 쓸개도 초나라와 월나라의 관계와 같지만, 같은 입장에서 본다면 만물은 모두 하나이지."

포용의 개념을 명확하게 정의내린 말이다. 서로 다른 마음으로 보기 시작하면 하나의 몸 안에 있는 간이나 쓸개조차도 서로 원수처럼 보인다.

그러나 서로 같은 마음으로 보면 모두가 조화로운 한 덩어리로 느껴진다. 포용은 그 대상과 하나 됨이다. 나와 대상 사이에 가려진 벽이 없다는 의미다. 분노는 포용의 무대에서는 그 역할이 없다.

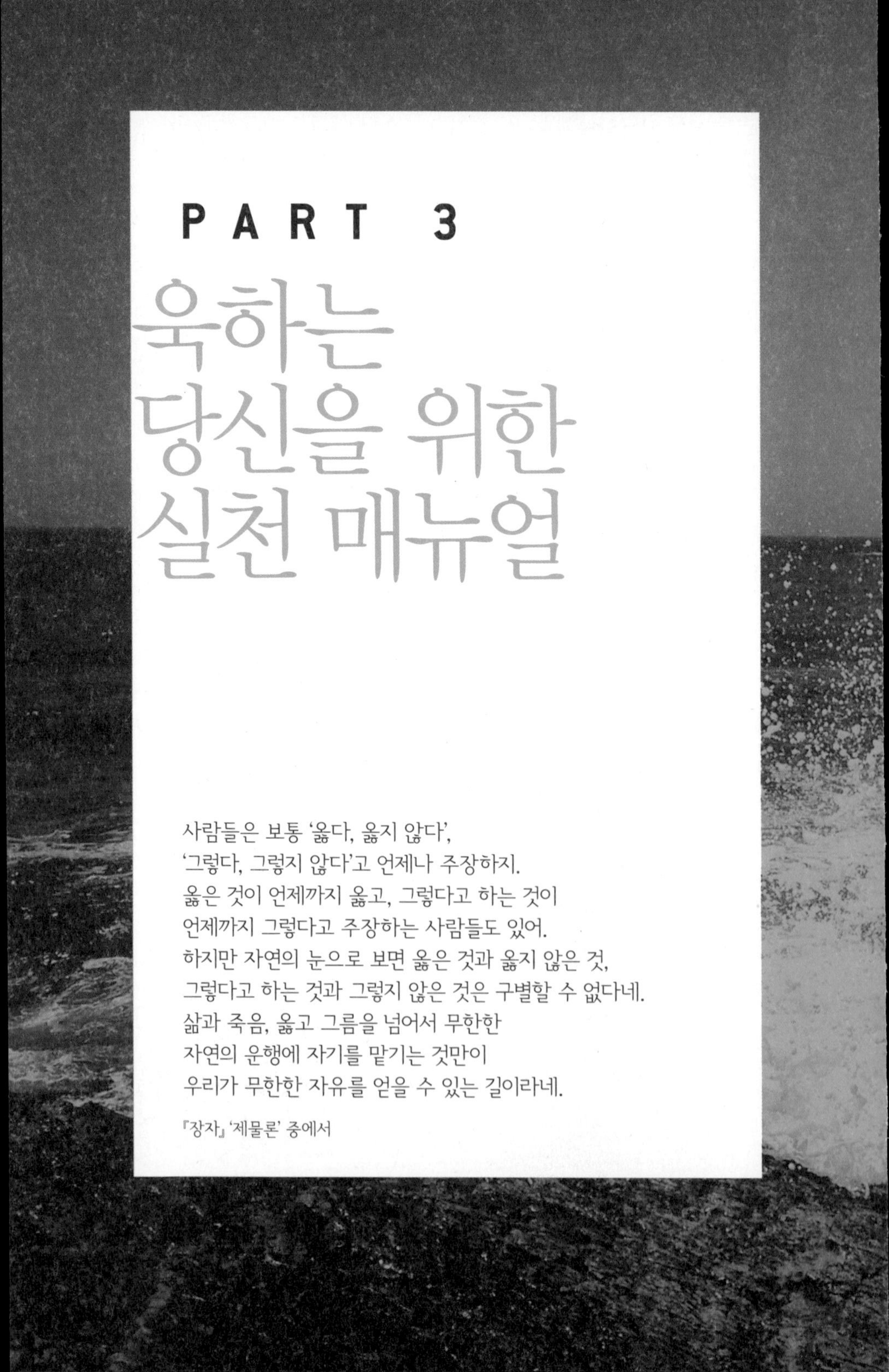

PART 3

욱하는 당신을 위한 실천 매뉴얼

사람들은 보통 '옳다, 옳지 않다',
'그렇다, 그렇지 않다'고 언제나 주장하지.
옳은 것이 언제까지 옳고, 그렇다고 하는 것이
언제까지 그렇다고 주장하는 사람들도 있어.
하지만 자연의 눈으로 보면 옳은 것과 옳지 않은 것,
그렇다고 하는 것과 그렇지 않은 것은 구별할 수 없다네.
삶과 죽음, 옳고 그름을 넘어서 무한한
자연의 운행에 자기를 맡기는 것만이
우리가 무한한 자유를 얻을 수 있는 길이라네.

『장자』 '제물론' 중에서

완벽한 자기경영, 성찰이 먼저다

사회생활을 하다 보면 크고 작은 회식자리를 갖는다. 직장이든 친목모임이든 회식은 삶에 활력을 가져다준다. 맛있는 음식과 술, 이색적인 분위기까지 겸해지면 저절로 흥이 난다. 긴장도 풀리고 마음도 너그러워진다. 이렇게 마음에 문이 열리면 평소에 하지 못했던 쌓인 감정을 서로 토로하면서 공감대가 형성된다. 상사 흉도 보고, 친구 험담도 하면서 분노도 식는다. 문제는 절제되지 못하는 회식문화다. 1차에서 2차로, 다시 2차에서 3차로 이어지는 회식은 그 본질을 훼손하는 방향으로 흐르기 쉽다. 기분 좋게 시작해 다시 분노를 유발하는 회식문화는 돌아볼 필요가 있다. 문화는 사람의 마음이 모여 빚어낸 작품이다.

지금은 많이 달라졌지만 과거에 절제되지 못한 회식문화가 팽배했을 당시 미담美談이다. 1차 회식을 마치고 일어설 때면 사람들은 내 뒤로 줄을 서려고 했다. 그 이유는 나는 특별한 경우가 아니면 1차를 마치고 귀가하는 사람으로 인식됐기 때문이다. 대개 회식은 분위기가 판단을 좌우한다. 1차를 마치고 2차로 넘어갈 때는 분위기를 주도하는 사람과 그 분위기에 동조하는 사람, 그리고 그 분위기의 눈치를 살피는 사람과 그 분위기를 포기하는 사람으로 나누어진다. 내 뒤에 줄을 서는 사람들은 대개 2차 분위기의 눈치를 살피는 사람들이었는데, 식상한 변명도 궁색하니 편승하려는 의도가 깔려 있다. 그들은 함께 가면서 듣기 좋은 소리로 나에게 자기관리를 잘하는 사람이라고 칭찬한다. 사실 나는 음주가무에 약하고 다음날 일정에 무리를 피하기 위해서 내 몸에 맞는 계산된 판단을 했을 뿐이다.

올바른 회식 문화를 위해서는 구성원들이 자기경영을 잘 하는 것이 중요하다. 자기경영 능력은 분위기를 긍정적으로 이끄는 힘에서 나온다. 여기서 분위기란 자기 자신의 개인 영역과 타인과의 관계 영역을 모두 포함한다. 분위기는 복합적인 요인들에 의해 만들어진다. 그 변화의 요인들을 하나하나 꼼꼼히 살펴 서로를 살리는 방향으로 융합해 내는 능력이 경영이다. 경영은 처음이 중요하다. 출발이 엉성하면 결코 과정과 결과가 좋을 수 없다. 모든 사람은 일생에 걸쳐 다양한 형태의 경영을 수행한다. 자기경영, 가정경영, 직장경영,

사회경영이 그것이다.

이 가운데 경영의 출발점이자 중요도가 가장 높은 것이 자기경영이다. 자기경영이 부실하면 다른 영역의 경영에서 성공해도 행복한 경영자라고 할 수 없다. 이러한 사람은 자족하는 삶의 맛을 모르기 때문이다. 자기경영의 목적은 자족하는 행복을 얻는 데 있다. 자족은 행복의 대상을 밖에서 찾는 것이 아니라 내 안에서 찾아야 한다. 이러한 관점에서 보면 자기경영의 핵심은 성찰省察이다. 긍정의 분위기를 창조하기 위해서는 분위기메이커인 자기 자신의 주변을 살피는 것이 먼저다. 성찰은 훌륭한 자기경영을 위한 전제조건이 되는 것이다. 자기성찰에 대한 방법은 수를 셀 수 없을 만큼 복잡하고 많다.

그렇다면 자기성찰을 통해 분노를 예방하는 구체적인 방법에는 어떤 것이 있을까?

● **피아노학원 원장이면서 아내, 두 아이의 엄마로 살고 있는 지선 씨는 자신의 성격과 행동이 마음에 들지 않는다는 이유로 자주 분노를 느낀다. 평소 지선 씨는 매사에 일관성이 없고 변덕이 심했다. 물건이든 사람이든 조금만 대하면 금방 싫증을 냈다. 자기합리화도 잘한다. 무엇이든지 자기 기준으로 편하게 생각해 버렸다. 예를 들어 집안일이 하기 싫어지면 20년이 넘도록 해 왔는데 며칠은 안 해도 상관없다'는 식으로 쉽게 변명하곤 아무것도 하지 않았다. 가장 지선 씨를 짜증나게 하는 것은 스스로도 규칙적인 생활을 하고 싶어 여러 가지를 도전해 봤지만 번번이 실패한다는 것이었다.**

지선 씨처럼 일관성이 없고 변덕이 심한 것은 '인내근력'이, 자기 합리화 습관은 '도전근력'이, 규칙적인 행동을 하지 못하는 것은 '성실근력'이 약해졌기 때문이다. 이 경우 성찰을 통한 자기경영의 방법으로 산책하기, 명상하기, 감사일기 쓰기, 인문고전 읽기 등을 꾸준히 하면 도움이 된다.

더불어 다음과 같은 4단계 자기성찰을 실천하길 추천한다. 자기성찰은 일상에서 일평생에 걸쳐서 일순간의 일들을 일관하여 살피는 자족의 공부다. 자기성찰을 잘하는 사람은 타인에 대한 관찰력이 뛰어나다. 비유하자면 성찰은 나무의 뿌리 부분이고 관찰은 나무의 줄기와 가지 부분과 같다. 자기 안을 잘 들여다보는 사람은 내면의 기준이 서 있기 때문에 자기 밖의 대상도 면밀하게 살필 수 있는 것이다.

내면을 제대로 볼 수 있는 자기성찰방법 4단계

1단계, 경청하기

경청은 분위기를 읽는 센서다. 센서가 예민할수록 분위기 파악을 정확하게 할 수 있다. 센서의 각도도 중요하다. 한쪽으로 쏠린 센서는 치우친 정보를 수집한다. 자신의 마음의 소리와 생각의 소리, 그리고 몸의 소리를 고루 들어야 한다. 자기 내면의 소리를 경청하지 않거나 외면하면 그 자리에 외부의 잡음이 들어

온다. 그렇게 되면 분위기가 흐려져서 에너지를 긍정적으로 모으기 어렵다. 분위기에 쉽게 휘둘리는 사람은 자기 내면의 소리보다 외부의 소리에 더 예민한 사람이다.

2단계, 생각 살피기

자기 자신이 진행하고 있는 생각을 살피는 태도다. 1단계에서 경청한 정보는 대개 생각이라는 프로세스를 거쳐 필터링한다. 이때 필터링의 기준이 중요하다. 그 기준은 '서로 살리기'에 두어야 한다. 자기의 본성을 살리는 것이 자족하는 삶의 기쁨이기 때문이다. 생각의 성찰은 내면의 소리를 듣고 마음과 몸을 모두 살릴 수 있는 선택을 하고 있는지 살피는 태도이다.

3단계, 말 살피기

2단계에서 선택한 것을 말로 정확하게 표현하고 있는지를 살피는 태도이다. 말은 논리[論理]가 중요하다. 내가 하는 말이 이치에 맞는지, 그렇지 못한지 꼼꼼히 살펴 들어야 한다. 말에 생명력과 품위가 있는 사람은 자기 자신이 하는 말을 스스로 잘 듣는다. 반면 이치에 없는 말을 하는 사람은 자기 자신이 하는 말을 잘 듣지 못하는 사람이다.

4단계, 행동 살피기

2단계에서 선택한 것을 행동으로 적합하게 표현하고 있는지를 살피는 태도이다. 행동은 이미지다. 이미지는 직관의 대화다. 이 단계는 자신의 일거수일투족을 직관을 통하여 면밀하게 살피는 것이다. 직관의 기준은 마음과 행동의 일치여부다. 마음 따로, 행동 따로는 일시적으로는 유효할 수 있지만 지속 가능한 소통의 도구는 될 수 없다.

자기성찰의 숙제가 눈덩이처럼 커지면 커질수록
자포자기 하거나 무감각해질 가능성이 높아진다.
자기 자신에 대한 무관심이
불통의 가장 큰 적이다. 사이좋은 영역은
자기성찰에 대한 성실의 크기이다.
자기성찰을 얼마만큼 성실하게,
꾸준히 했느냐에 따라 소통의 영역이 좌우되는 것이다.

자신만의 정서근력을 키워라

준우 씨가 근무하는 서울 모 대학병원에서 얼마 전 신입사원 정규채용을 진행했다. 올해 관리직 신입 정규사원 2명을 선발하는데 2천5백여 명이 지원할 정도로 경쟁률이 대단했다. 그런데 최종 선발된 2명의 직원 모두 하루 근무 후 사퇴의사를 밝혔다. 한 명은 자기 적성에 맞지 않는다는 것이고, 다른 한 명은 사무실 분위기가 맘에 안 든다는 것이 그 이유였다. 준우 씨는 명문대 출신에 영어회화까지 자연스럽게 구사하는 두 사람에게 내심 기대를 했던 터라 아쉬움이 많이 남았다.

이 사례에서 등장하는 신입사원들은 정서근력이 취약해 나타난 관계부적응을 겪은 것으로 짐작된다. 정서근력은 보통 성장기 가정환경에서 길러진다. 어렸을 때 사람과 사람 사이에서 다양한 관계 맺기의 훈련을 거친 사람은 비위가 좋다. 예를 들어 과거 대가족의 가정환경에서는 저절로 정서근력이 생기는 구조였다.

그러나 지금의 가정을 살펴보면 한 명 아니면 두 명 정도의 형제자매가 일반적이다. 더구나 어렸을 때부터 지식과 기술을 익히는 데 에너지를 쏟느라 형제자매 사이에 서로 부딪칠 기회도 많지 않다. 학교에서도 마찬가지다. 우리 교육은 정서근력을 기르는 데 큰 비중을 두지 않는다. 또 아는 것과 사는 것을 이원화했다. 큰 틀에서 보면 이것은 비효율적이다. 일과 배움, 배움과 일은 서로 별개가 아니다. 순간순간 변화하는 세상의 흐름을 읽고 미래를 준비하는 것이 진짜공부이기 때문이다.

정서근력을 길러주는 분노조절 5단계 프로세스

1단계, 분노 살피기

분노를 살피는 것은 분노 공부의 시작이다. 분노가 올라오면 대부분 피하기 쉽다. 분노는 기분氣分을 나쁘게 하기 때문이다. 그러나 순간의 기분 때문에 분노를 피하게 되면 그것은 정서의 기억에 둥지를 틀고 자리 잡는다. 따라서 분노의 조짐이 느껴지면 내버리지 말고 하나하나 면밀히 살펴야 한다. 분노의 기운은 잠시만 놓쳐도 객기客氣의 형태로 달아나 버린다. 정서가 불안정해지면 정신 줄을 부여잡고 분노의 주체와 객체가 어떠한 경로로 이동하는지 완전히 사라질 때까지 살펴야 한다. 분노는 대개 살피는 힘의 부족으로 나중에 더 큰 문제가 발생한다.

2단계, 분노 발견

분노 발견은 분노 공부의 방향이다. 1단계에서 분노를 포착했다면 2단계는 분노의 실체를 발견해 내는 것이다. 분노는 정서의 신호다. 그 신호를 예민하게 보고 추적하다 보면 분노의 출발점을 알게 된다. 분노의 원인은 사람에게 있다. 나와 가까이에서 관계 맺는 대상, 그 사이에 있다. 분노는 늘 가까이에서 함께하는 사람 사이에 있기 때문에 찾기가 더 어렵다. 그러나 분노의 원인은 나와 대상 사이에 있기에 반드시 찾아내야 한다. 분노는 건강한 관계를 위한 통증이다. 그 통증을 관찰하고 진단하는 것이 분노의 발견이다. 분노의 통증이 느껴지면 분노주체와 객체의 분노패턴을 발견해야 한다.

3단계, 분노 깨닫기

분노 깨닫기는 분노 공부의 소통이다. 2단계에서 분노의 원인을 발견했으니 3단계에서는 분노 유형을 기준으로 분노의 주체와 객체가 정당하게 겨루는 과정이 이뤄진다. 대개 이 과정에서 겨루는 핵심적인 내용은 분노주체의 분노습관과 분노객체의 분노습관이다. 여기에서 승자는 기존에 굳어진 분노습관을 누가 더 잘 깨는가이다. 인간은 학습과 기억이 강점이지만 때로는 그것이 약점이 되기도 한다. 특히 잘못된 분노의 학습과 기억은 진드기처럼 붙어 다니면서 평생을 괴롭힌다. 우리나라 사람은 습관을 바꾸는 데 소요되는 필요한 기간이 약 100일이라고 한다. 100일 동안 기도하는 마음으로 분노주체와 객체 사이의 분노습관을 깨는 데 정진해야 한다.

4단계, 분노 해결

분노 해결은 분노 공부의 실천이다. 3단계에서 분노습관을 제거했으니 4단계에서는 분노주체와 객체 사이에 해결점을 찾으면 된다. 분노의 해결점은 평상심으로 돌아가는 것이다. 원래의 상태를 회복하는 것이다. 폭풍이 일었던 바다가 잔잔해지는 것이다. 사이좋은 관계로 돌아가는 것이다. 본래의 하나 된 마음을 되찾는 것이다. 분노주체와 분노객체가 동심同心을 느끼는 행복한 마음이다. 말없이 가만히 있어도 편안한 마음의 상태다. 처음의 좋은 의도가 보이는 단계다. "아하, 그래서 그랬구나." 하면서 맞장구치는 과정이다. 오해가 없어지고 서운함이 눈 녹듯이 녹는 단계다. 의심이 없어져서 이럴까 저럴까 눈치 보는 일이 없는 상태다. 분노 해결은 자기납득이다. 자기가 자기를 완전히 설득할 수 있을 때 분노대상도 용서된다. 진정한 분노 해결은 '그러는 체하는 것이 아니라 그러해야 하는 것'이다. 마음이 통해서

느낌이 좋아야 비로소 분노는 소멸된다.

5단계, 분노 예방

분노 예방은 분노의 조짐을 알고 준비하는 것이다. 분노는 한 번 해결했다고 끝나는 공부가 아니다. 평생 동안 해야 한다. 사람과 사람 사이의 관계는 예측이 불가능하다. 그럼에도 불구하고 분노는 예방이 가능하다. 건강한 사람은 열악한 환경이 조성되어도 병에 걸리지 않을 확률이 높다. 마찬가지로 분노를 예방하려면 사람과 사람 사이의 관계에 필요한 요소를 충분히 배우고 익혀야 한다. 현대사회는 분노를 유발하기 쉬운 환경이다. 먹는 것, 입는 것, 자는 것, 노는 것, 공부하는 것, 일하는 것, 대화하는 것 사이사이에 분노의 요소가 숨겨져 있다. 분노에 대한 적절한 긴장은 인간관계에 면역력을 길러 준다.

'우리 사이'를 만드는 소통의 기술을 익혀라

"당신은 누구와 소통이 가장 어렵습니까?"

대한민국 30~50대 성인들에게 이 같은 질문을 하면 대답은 거의 비슷하다. 부부가 가장 많고, 자녀, 부모, 직장구성원, 정치지도자 순으로 많이 꼽힌다. 가장 가까이에서 속마음을 나눠야 할 대상일수록 소통에 어려움을 느낀다는 것을 알 수 있다. 개인마다 차이가 있겠지만 이 불통不通의 순서는 현대인들의 행복을 가늠해 볼 수 있는 지표로써 의미하는 바가 크다. 위의 질문은 "당신은 누구와 가장 행복한 관계를 맺고 싶습니까?"라고 바꾸어 말할 수 있기 때문이다. 불통은 기氣를 막히게 한다. 그 기가 막히면 분노는 활동을 시작한다.

자기 자신과의 사이가 좋아야 다른 사람들과도
좋은 사이를 만들어 갈 수 있다.
나와 나 사이의 관계가 원만하지 못하면
나와 관계를 맺는 주위 사람들과도 벽이 생기게 된다.

Cathay Life

● 50대 중반인 연미 씨는 요즘 남편과의 불통이 최고조에 이르렀다. 대학교수인 연미 씨는 서울 태생으로 풍족한 가정에서 개방적으로 자랐다. 반면 성형외과 의사인 남편은 대구 출생으로 어려운 환경과 규율이 엄한 부모 밑에 자랐다. 연미 씨 부부가 불통을 겪는 가장 큰 원인은 결혼 후 지금까지 함께 공유한 취미나 활동이 전혀 없다는 데 있다. 둘은 양가 부모님들의 가치관부터 종교, 성격, 취미, 기호물품 등 어느 것 하나도 맞는 것이 없다. 아이들과 주위의 시선 때문에 지금껏 견뎠다는 연미 씨는 "왜 같이 사는지 모르겠다.", "더 이상 분노를 견딜 수 없다"며 하소연했다.

누구나 소통을 원한다. 그러나 누구나 소통을 잘하는 것은 아니다. 소통을 잘하기 위해서는 소통을 제대로 알아야 한다. 소통은 나와 대상, 즉 이 둘의 사이가 기분 좋은 상태를 말한다. 기분이 좋다는 것은 서로의 기운이 균형과 조화를 잘 이루고 있다는 정서의 느낌이다. '관계의 사이'를 기분 좋게 만드는 힘, 그것이 소통 능력이다. 과거에는 이 '사이'를 매우 중시했다. 그래서 어릴 때부터 아이들에게 친구와 사이좋게 놀라는 것을 강조하는 것으로 그 능력을 길러주려고 애를 썼다.

사이좋게 놀면서 배우는 것은 '나'와 '대상' 사이의 다른 점을 줄여나가고 같은 점을 늘려 나가는 것이다. 서로의 '같은 영역을 늘려 나가는 것', 이것이 소통의 핵심인 것이다. 연미 씨 부부의 경우 그동안 지식과 기술을 습득하기 위한 공부는 많이 한 반면, 사이좋게 노는 공부는 등한시한 것이 최악의 상황을 불러왔다고 볼 수 있다. 어느 관계에서나 사이가 나빠지면 그 틈을 비집고 분노가 들어선다.

사실 조금 더 깊이 들어가 보면 소통은 자기 자신으로부터 출발한다. 자기 자신과의 사이가 좋아야 다른 사람들과도 좋은 사이를 만들어 갈 수 있다. 나와 나 사이의 관계가 원만하지 못하면 나와 관계를 맺는 주위 사람들과도 벽이 생기게 된다. 따라서 평소에 가장 가까이 있는 나와 나 사이를 좋게 만드는 훈련이 필요하다. 사이좋게 노는 공부의 원리가 바로 이것이다.

소통의 효과를 배가 시키는 방법

하나, 성찰하라

언제부터인가 우리는 앞만 보고 달리기에 바빠 자기 자신을 들여다보는 성찰의 공부를 등한시하기 시작했다. 자기성찰의 숙제가 눈덩이처럼 커지면 커질수록 자포자기하거나 무감각해질 가능성이 높아진다. 자기 자신에 대한 무관심이 불통의 가장 큰 적이다. 사이좋은 영역은 자기성찰에 대한 성실의 크기이다. 자기성찰을 얼마만큼 성실하게, 꾸준히 했느냐에 따라 소통의 영역이 좌우되는 것이다.

물론 소통은 쌍방향의 문제다. 내가 아무리 소통을 잘하려고 발버둥 쳐도 상대가 응해주지 않으면 아무 소용이 없다. 하지만 한 번 더 생각해보면 그 입장은 대안이 될 수 없다. 원인을 상대에게 돌리기 시작하면 불통의 벽은 두 배로 커지기 때문이다. 대신 불통의 관점을 나로 돌려 보면 분노는 나와 나 사이의 벽에서 출발한다는 것을 알 수 있을 것이다.

둘, 다른 문화적 성격을 이해하고 기다려라

소통은 문화적 성격이 강하다. 인간의 정서는 개인 사이에만 통하는 것이 아니다. 개인과 집단, 집단과 집단 사이에도 소통의 원리는 그대로 적용된다. 사실 문화적 소통은 그 변인의 요소가 너무 복잡해 설명이 쉽지 않다. 그러나 소통의 주체와 객체, 이 둘 사이의 '같은 영역'을 확장해 나가는 이치는 동일하다.

그 중 결혼은 개인과 개인 사이의 소통뿐만이 아니라 개인과 집단, 집단과 집단 사이의 소통을 동시에 요구하는 대표적인 사례다. 그래서 예로부터 결혼은 소통의 종합적인 역량을 가늠하는 중차대한 일이기에 '인륜지대사人倫之大事'라 칭했다. 서로 낯선 신랑과 신부는 연애라는 기간을 통해 서로 다른 점은 점차 줄여 나가고, 같은 점은 늘려 나간다. 상견례는 서로 다른 가정과 가정이 만나 이들 사이에서 상호 문화를 교류하면서 신랑 측과 신부 측이 동질의 문화를 만들어 갈 수 있는지 여부를 확인하는 자리다. 신랑과 신부, 양가 식구들 사이가 모두 좋으면 순항이다. 그러나 처음부터 완전한 소통은 기대하기 어렵다는 점을 명심하자.

셋, 마음의 근력을 키워라

고통苦痛은 소통의 어머니다. 고통의 과정을 거쳐야 비로소 소통의 길은 열린다. '공유영역'은 저절로 생기지 않는다. 마치 정자와 난자가 만나 오랜 여정을 거쳐 산고를 치룬 이후에 부부를 닮은 한 생명이 잉태되는 것과 같다. 소통으로서의 공유영역은 획일적인 통일도, 일방적인 희생도 아닌 다른 두 대상이 만나 새로운 하나를 창조하는 생명의 신비로운 창고이다. 따라서 공유영역에서는 분노의 역할이 없어진다.

이러한 맥락에서 보면 소통은 기술이 아니다. 소통은 창조하는 마음이다. 좋은 사이가 가장 자연스러운 마음과 마음의 교류에서 자란다. 마음은 인위적인 기술이 가해지면 금세 변질되고 만다. 따라서 소통 공부는 자연본성의 마음근력을 키우는 데 있다. 우선 자기 자신의 마음과 소통하라. 나와 나 사이에 가려진 벽은 없는지, 마음자리와 생각자리, 몸자리는 서로 잘 통하는지, 나는 나의 마음을 얼마나 알고 있는지를 성찰해본다.

넷, 부부·자녀와의 공유영역을 늘려라

배우자의 마음과 소통하라. 지혜로운 부부는 서로 다른 점을 보려는 에너지를 서로 같은 마음의 영역을 가꾸는 에너지로 전환한다. 다른 점은 원래부터 주어진 것이라면 같은 영역은 함께 창조하는 행복의 보금자리라는 것을 알기 때문이다.

자녀의 마음과도 소통하라. 부모와 자녀 사이의 공유영역은 무엇일까? 자녀는 부모에게 인정받고 싶어 하고, 부모는 자녀를 자랑스럽게 기르고 싶어 한다. 따라서 이 사이의 공유영역은 자기실현이다.

직장동료, 상사, 정치지도자들과의 소통도 마찬가지다. 서로 같은 마음의 영역을 무한히 확장해 나갈 수 있도록 다각도로 노력해야 한다. 소통이 원활하면 분노는 머물지 않는다.

다섯, 힐링보다는 터닝에 집중하라

소통의 도구인 교통과 통신기기는 날로 발달하는데 소통지수는 점점 낮아지고 있다. 아이러니컬하다. 길거리 사람들의 얼굴은 굳어 있다. 눈빛은 외롭고 차갑게 느껴진다. 사용하는 언어도 거칠고 딱딱하다. 미디어에 흐르는 정보는 인위적이고 자극적이다. 대부분의 사람들은 이러한 환경에 적응하고 길들여져 가고 있다. 이것은 그냥 지나칠 일이 아니다. 에너지의 흐름을 바꾸기 위해서는 힐링보다 터닝이 필요한 시대다. 불통의 대상이 소수일 경우는 힐링이 통한다. 그러나 구성원 대다수가 소통의 문제를 안고 있을 때는 터닝에서 대안을 찾아야 한다. 미래의 지도자는 소통의 분위기를 바꾸는 터닝메이커가 되어야 한다.

'역지사지' 훈련으로 분노습관을 깨라

사람은 자기만의 안경으로 세상을 보는 경향이 있다. 길거리를 걷는 사람에게는 자동차가 눈에 거슬린다. 소음도 싫고, 공해도 싫고, 진로 방해도 싫다. 버스를 타고 이동하는 사람에게도 요리조리 새치기하는 택시, 여유만만 자동차가 눈에 거슬리긴 마찬가지다. 또 신호가 바뀌었는데도 횡단보도를 지나가는 사람도 신경이 쓰인다. 다급한 일이 생겨 택시를 타고 가는 사람에게는 보행자와 버스, 자가용 모두가 달갑지 않게 보인다.

인생살이도 마찬가지다. 자기에게 주어진 조건의 눈으로 세상을 바라본다. 여자는 여자의 입장에서, 남자는 남자의 입장에서 인생을 논한다. 장남으로 태어난 사람은 장남의 관점에서 가족을 지켜보고, 싱글족은 싱글족의 눈으로 삶의 가치를 이야기한다. 사회적 조건에 따라서도 보는 눈은 다르다. 스스로 가난하다고 생각하는 사람의 눈, 투기꾼의 눈, 자신의 학력이 자랑스러운 사람의 눈, CEO의 눈, 아픈 사람의 눈, 백수의 눈, 군인의 눈 등 세상에는 이처럼 다양한 눈과 관점, 가치가 공존한다.

● 기옥 씨네 시댁은 하루에 버스가 4번 정도 운행하는 깊은 산골이다. 도시 출신의 기옥 씨는 남편의 소박과 순수함에 반해 연애결혼을 했고, 결혼 후 아들 둘뿐인 시댁 어른들에게 딸 노릇까지 충실히 했다.
사건은 최근 남편의 해외출장 중 벌어졌다. 마침 아이들도 방학을 해 기옥 씨는 아이들과 함께 친정으로 갔다. 그런데 이튿날 시어머니에게 전화가 와서 친정에 와 있다고 했더니 화를 버럭 내시며 전화를 끊으셨다. 다음 날 시아버지께서 당장 시댁으로 오라며 불호령을 내리셨다.
부랴부랴 시댁에 간 기옥 씨는 깜짝 놀랐다. 일가친척들까지 다 모여 마치 청문회장을 방불케 하는 분위기였기 때문이다. 기옥 씨가 도착하자마자 시댁 식구들은 남편이 없으면 집을 잘 지켜야 하는데 무단으로 집을 나간 점, 또 이 경우 시댁 어른들에게 승낙을 받아야 하는데 허락 없이 친정에 간 점 등을 꼬집으며 독한 훈계를 하기 시작했다. 1시간가량 무릎을 꿇고 듣던 기옥 씨는 그동안 시댁에 잘하려고 노력했던 일들이 떠올라 서러움과 분노가 동시에 치밀어 올랐다. 하지만 자리가 자리인지라 꾹 참고 죄송하다고 말하고 나왔다.

그날 기옥 씨는 가장 많은 눈물을 흘렸다. 그런데 남편의 태도가 기옥 씨의 분노를 폭발시켰다. 혹여 해외에 나가 있는 남편이 걱정을 할까 싶어 혼자 속을 끓이다 어렵게 이야기를 꺼냈는데 남편은 듣자마자 당연히 잘못한 일이라며 도리어 화를 냈기 때문이다.

이 사례에서 기옥 씨의 분노대상은 남편이다. 분노의 출발은 시부모였지만 더 큰 분노의 상처를 준 사람이 남편이기 때문이다. 분노는 가까이 있는 사람에게 더 예민하게 작용한다. 분노는 쌍방향의 문제다. 여기서 남편과 시부모는 '不포용형'이다. 포용은 믿음이다. 남편은 아내가 어떤 상황에서 무엇을 하든지 아내 편을 들어주는 포용의 자세를 보였어야 한다. 또 시부모님이 비록 섭섭하다고 생각할지라도 아내를 감싸주는 지혜가 필요했다.

시부모도 마찬가지다. 며느리 입장에서 보면 이미 독립해 한 가정을 이끄는 어엿한 주인이다. 함께 모시고 사는 것도 아니고 해야 할 일을 하지 않는 것도 아닌데 굳이 친정을 가야 할 상황판단까지 일일이 보고해야 할 이유는 없다. 서로의 관점으로만 보면 분노의 감정은 시들지 않는다. 분노의 상황일수록 서로의 눈을 마주쳐야 한다. 기옥 씨 부부에게 예의와 포용이 선순환한다면 처음의 마음을 회복할 수 있을 것이다.

더불어 역지사지易地思之 훈련을 권한다. 역지사지는 분노의 주체와 객체가 서로 정서문화를 바꾸어 체험하면서 쌍방향의 눈으로 자신의 분노습관을 깨는 훈련이다. 모든 문제가 마찬가지지만 특히 분노는 자기가 자기 자신에게 스스로 납득할 수 있을 때 해소된다. 여기서 납득은 단순한 이해와는 차원이 다르다. 이해는 분노의 주체 입장에서 분노의 객체를 분리한 다음, 그 분노상황을 긍정적으로 해석해 나가는 과정이다. 납득은 분노의 주체와 객체가 원래 하나라는 입장에서 그 분노상황을 제거하고 본래의 하나 된 모습으로 되돌아가는 과정이다.

역지사지 공부의 목적은 분노의 주체와 객체의 정서 영역을 넘나들면서 분노 유형을 발견하고 반복되는 분노습관을 제거함으로써 자기 자신을 납득시키려는 데 있다. 따라서 이 훈련을 할 때는 자신의 감정을 최소화하고 분노객체를 객관적으로 들여다보도록 노력해야 한다.

분노의 습관은 깨기 쉽지 않다. 분노의 요인은 복합적이며, 정서에 치명적인 자극을 받게 되면 그 여운은 과거까지 미친다. 그럼에도 불구하고 자신의 분노습관과 치열하게 싸워야 하는 이유는 그 싸움 속에서 더 성숙한 삶의 맛을 음미할 수 있으며, 건강한 싸움을 할 수 있기 때문이다.

남성다움을 알면서 여성다움을 지킨다면 천하의 골짜기가 될 수 있다.
천하의 골짜기가 되면 영원한 덕[德]이 몸에서 떠나지 않아 다시 갓난아기로 되돌아갈 수 있다.
흰 것을 알고 검은 것을 지키면 천하의 본보기가 될 것이다.
천하의 본보기가 되면 영원한 덕에서 어긋나지 않고, 무한한 도의 상태로 돌아가게 될 것이다.

영광을 알고 치욕을 지킨다면 천하의 골짜기가 된다.
천하의 골짜기가 되면 영원한 덕이 넉넉해져 통나무의 상태로 되돌아간다.
통나무가 쪼개져 그릇이 되듯이 성인도 이를 이용하여 우두머리가 된다.
정말로 잘 자른다는 것은 자르지 않는 것이다.

『장자』 '도덕경' 28장 중에서

우리는 지극히 사소한 '차이'만을 가지고도 네 편, 내 편을 가르는 데 익숙하다. 하지만 계속해 편을 가르다 보면 시선이 어느 한쪽으로만 치우치게 된다. 그리고 그것이 오해를 낳고 결국 분노를 발생시킨다. 노자는 이 글에서 양쪽을 균형 있게 바라보며 처음의 한마음을 지켜 나가라고 말한다. 말은 쉽지만 일상에서 적용하긴 매우 어려운 말이다. 그런 점에서 역지사지 훈련은 분노가 발생할 때마다 한쪽으로 치우칠 수 있는 자신의 눈을 한 가운데로 옮기는 수단으로 유용할 것이다.

인간은 정서에 예민하다. 강해 보이는 사람도 정서에 손상을 입게 되면 시들해진다. 정서는 유효기간이 없다. 정서 역사는 한 사람의 삶을 가장 리얼하게 묘사한 자서전이다. 따라서 정서의 밭은 평생의 삶을 일군다는 생각으로 정성을 다해 직접 관리해야 한다. 정서는 다양하고 복잡한 삶의 경험 속에서 건강하게 자란다. 사람과 사람 사이에 얽히고설킨 문제를 회피하지 말고 끝까지 추적하여 그 실체를 제대로 알고 해결해 나가야 한다.

처음에는 어렵지만 차츰 정서 문제해결의 근력이 생긴다. 눈에 보이는 세계는 절반에 불과하다. 나머지 절반은 눈에 보이지 않는 정서의 세계다. 정서해결의 근력이 생기면 생길수록 눈에 보이지 않는 영역을 사용하는 능력이 증대된다. 정서 문제해결의 고수가 되면 단순함의 이치를 깨닫게 된다. 정서는 단순함을 더 좋아한다. 단순함은 더 본질적이며 여유롭다. 단순함은 순수하며 인간적이다. 단순함은 인성이며 소통이다. 단순함은 둘이 아니라 하나다. 그래서 단순함은 편안하고 따뜻하다.

분노습관을 깨는 역지사지 훈련 4단계

1단계

가장 빈번하게 분노를 일으키는 분노객체(대상) 하나를 정한다.

2단계

그 대상의 정서 역사를 탐색한다. 가령 출생 환경은 어떠했는지, 성장과정은 어떠했는지, 성격이나 특징, 강점과 약점 그리고 추구하는 가치나 꿈, 직업의 특성은 어떠했는지 등을 깊이 있게 살펴보는 것이다.

3단계

분노대상의 분노 유형을 파악한다.

4단계

분노객체(대상)의 분노 유형의 관점에서 분노주체(나)의 분노 유형을 비교 관찰하며 동심同心을 회복한다. 위 사례에 등장하는 기옥 씨 부부의 경우 비가 온 뒤에 땅이 더욱 단단하게 굳어지듯이 이번 사건을 상처 없이 해결한다면 서로에 대한 사랑이 더욱 깊어질 것이다. 이것이 바로 동심 회복이다.

인간은 정서에 예민하다.
강해 보이는 사람도 정서에 손상을 입게 되면 시들해진다.
정서는 유효기간이 없다. 정서 역사는
한 사람의 삶을 가장 리얼하게 묘사한 자서전이다.

우리는 지극히 사소한 '차이'만을 가지고도
네 편, 내 편을 가르는 데 익숙하다.
하지만 계속해 편을 가르다 보면
시선이 어느 한쪽으로만 치우치게 된다.
그리고 그것이 오해를 낳고 결국 분노를 발생시킨다.

신념이 흔들릴 땐 '동문서답'이 답이다

직장인들을 대상으로 '소통'을 주제로 한 강의를 진행하고 있는 태현 씨는 얼마 전 지방에서 진행된 강의에서 다소 당황스러운 일을 경험했다. 마지막 강의를 마치고 참가자들과 회식을 즐기던 도중, 생각지도 못한 이야기를 들었기 때문이다. 총 6회로 진행되는 강의 내내 항상 정각에 칼같이 등장하던 참가자가 있었다. 참가자 중 가장 연장자였던 그는 누군가 조금이라도 늦게 와 강의 분위기를 흐린다는 생각이 들면 무언의 분노주파를 쐈다.

회식 자리에서 태현 씨는 그분의 분노를 해소시켜 주고자 매번 30분씩 늦었던 한 참가자에게 교육시간 중 나중에 보충을 받아야겠다고 농을 건넸다. 지각 참가자는 무슨 소리냐며 얼굴색이 확 변했다. 알고 보니 그는 애당초 강의시간을 잘못 알고 있었던 것이다. 참가자들은 모두 박장대소했다. 그때 강의 때마다 유난히 너무 일찍 온다고 생각했던 한 분이 자신은 원래 시간을 30분 일찍 알고 있었다고 고백했다.

순간 태현 씨는 할 말을 잃었다. 소통을 주제로 한 강의에서조차 소통이 부재했던 것이다. 무엇보다 30분 일찍 나왔던 참가자와 정각을 지켰던 참가자는 다른 사람들이 매번 강의 시간을 지키지 않는 것에 대해, 30분 늦었던 참가자는 올 때마다 내용의 흐름이 자기를 빼고 진도를 먼저 나갔다는 것에 대해 강의 내내 불만과 분노를 느꼈다고 실토해 태현 씨를 더욱 씁쓸하게 했다.

이 사례에서 참가자 세 사람이 실천해야 할 분노조절 방법은 '동문서답東問西答'이다. 이 훈련은 자기 자신이 간직해 온 굳은 신념이 때로는 분노를 유발할 수 있다는 전제를 두고 기존의 가치판단을 뒤집어 보는 방법으로 진행된다.

가치판단은 성격과 성품을 만드는 기준이다. 유명인들이 파혼을 선언할 때 그 이유로 '성격 차이'를 꼽는 이유도 이런 맥락이다. 가치판단이 굳어지면 신념의 형태로 자리를 잡는다. 가치판단이 유연한 사람은 분노지수가 낮다. 가치와 가치가 쉽게 융화되기 때문이다. 반대로 가치판단이 까칠한 사람은 분노지수가 높다. 가치와 가치가 상호 충돌을 일으키기 때문이다.

가치판단의 유연성 정도에 따라 신념은 열린 신념과 닫힌 신념으로 나눠진다. 열린 신념은 쉽게 내려놓을 수 있다. 이것은 모두가 취할 수 있는 보편 타당성을 지닌다, 반면 닫힌 신념은 쉽게 내려놓지 못한다. 이것은 자기 개인의 개별적인 특수성을 보호하려는 속성이 있다.

따라서 동문서답 훈련은 기존의 가치판단을 내려놓는 연습을 통해 닫힌 신념으로 인한 분노습관을 깨고 열린 신념으로 긍정의 습관을 만들어가는 데 있다. 따라서 이 훈련을 할 때는 진정성 있게 임하는 것이 가장 중요하다. 가치판단의 요소는 자기내면에 스스로 묻고 답해야 하기 때문이다.

긍정의 습관을 만들어주는 동문서답 훈련법

가치판단 구조영역에 자신의 신념을 대입한 뒤 기존에 선택한 가치는 버리고, 버렸던 가치를 선택해 본다. 그리고 그 체험의 과정 속에서 닫힌 신념은 없었는지 점검하면서 자기 자신의 분노 유형을 찾아 그 습관을 제거하면 동심同心을 회복할 수 있다. 가치판단 영역은 크게 세 가지로 구분되며, 각 영역별 훈련 순서는 다음과 같다.

'옳다, 그르다'를 판단하는 정의 가치판단 영역

분노주체가 평소 스스로 절대적으로 옳다고 생각한 것과 절대적으로 그르다고 생각한 것을 찾아 적는다. → 옳다고 생각한 것과 절대적으로 그르다고 생각한 것을 바꾸어 선택한다. → 이 경험 속에서 떠오르는 자기 자신의 분노 유형을 찾는다. → 닫힌 신념에서 비롯되는 분노습관을 버리고 동심을 회복한다.

'낫다, 못하다'를 판단하는 비교 가치판단 영역

분노주체가 평소 스스로 이것은 저것보다 더 낫다고 선택했던 것을 나열해본다. → 낫다고 생각하는 것과 못하다고 생각하는 것을 바꾸어 선택한다. → 이 경험 속에서 떠오르는 자기 자신의 분노 유형을 찾는다. → 닫힌 신념에서 비롯되는 분노습관을 버리고 동심을 회복한다.

'좋다, 싫다'를 판단하는 기호 가치판단 영역

분노주체인 자기 자신이 평소 가장 좋아하는 것과 싫어하는 것을 기록한다. → 좋아하는 것과 싫어하는 것을 바꾸어 선택한다. → 이 경험 속에서 떠오르는 자기 자신의 분노 유형을 찾는다. → 닫힌 신념에서 비롯되는 분노습관을 버리고 동심을 회복한다.

'타산지석', 분노를 객관적으로 보는 힘을 길러라

얼마 전 가족들과 찜질방에 갔는데 딸아이가 "아빠, 남탕에서 때 밀어주는 사람은 여자야?"라고 물었다. "글쎄다, 여탕에는 남자가 밀어주니?"라는 내 대답에 온 가족이 한바탕 웃었다. 사람들은 가려진 구석에 호기심을 더 느낀다. 어느 곳을 가다가 '금지구역'이라는 팻말을 보면 더 들어가고 싶은 욕구가 일어난다. 19금 장소나 영화, 드라마 등이 청소년들을 더 없이 자극하는 이유도 여기에 있다. 유명인들의 가십거리도 같은 맥락이다. 일반사람들과 다르다는 경계가 있기 때문에 더 호기심을 촉발시킨다.

일반적으로 경계境界에 대한 호기심은 인간의 자연본성이다. 소극적으로는 두려움에 대한 해소욕구 본능이다. 내가 알지 못하는 다른 영역은 믿을 수 없다. 그 속에서 무슨 일이 벌어지고 있는지 모르기 때문이다. 적극적으로는 동일시同一視에 대한 해소욕구 본능이다. 나와 대상이 다르다고 생각하면 마음이 불편하다. 따라서 사람들은 이질적인 대상을 탐색하면서 무언의 동일시 작업을 하면서 살아간다. 또 하나는 단순한 기호욕구 충족이다. 사람은 새로운 것에 대한 접촉의 욕구가 있다. 경계境界는 인간사회에서 필요하지만 그것이 단절斷絕로 이어지는 것은 바람직하지 않다.

● 올해 정년퇴직을 한 상훈 씨는 아내와 제2의 인생을 살고 싶어 외곽에 있는 한적하고 아담한 아파트로 이사했다. 예전 동네보다 공기도 좋고 조용해 마음에 들었다. 게다가 주위의 공동텃밭에 농작물도 심을 수 있어 상훈 씨의 마음은 한껏 들떴다. 그런데 이사 다음 날 아침, 윗집에서 반복적이고 규칙적인 기계음이 들렸다. 신경이 조금 쓰였지만 무시하고 지나갔다. 조금 더 시간이 흐르자 이번에는 아이들이 뛰는 소리가 들렸다. 순간 윗집에 어린아이들이 살고 있다는 생각이 스쳐 지나갔다. 예감이 좋지 않았다.

그날 저녁식사를 마치고 텔레비전을 보고 있는데 윗집 아이들이 다시 뛰기 시작했다. 직접 이야기를 할까 고민하다 인터폰을 들어 경비실에 조용히 해 달라고 부탁했다. 상훈 씨는 계속해 이런 상황이 벌어지면 어떻게 대처해야 할지 고민이 되기 시작했다. 그리고 고민은 곧 현실이 됐다. 윗집은 맞벌이 부부인데다 아이들이 초등학교 2학년과 유치원생으로 둘 다 남자아이였다. 윗집 부부는 인근에서 가게를 운영하고 있는데 둘 다 가게에 왔다 갔다 해야 해서 계속해 아

이들을 통제할 수 없는 상황이었다. 상훈 씨는 윗집 사정이 한편으로 이해도 됐지만 계속되는 아이들 뛰는 소리에 점점 분노가 일기 시작했다.

공동주택에서 자주 발생하는 분노사건이다. 대개 이런 문제가 발생하면 '윗집과 아랫집 당사자 간에 서로 이해하고 살아야지', '무슨 뾰족한 수가 있느냐'며 덮어 둔다. 그러나 이것은 지혜로운 방법이 아니다. 무조건 덮어 두면 분노가 쌓일 수밖에 없기 때문이다. 따라서 이런 문제일수록 공적으로 끌어내어 당당하게 해결하는 자세가 필요하다.

이를 위해 평소 '타산지석他山之石' 훈련을 충실히 하면 좋다. 타산지석 훈련은 분노의 주체와 객체 두 개체의 각자의 관점을 떠나 제3의 눈으로 보고 객관적으로 해결하는 메타인지 훈련이다. 지금껏 분노는 일종의 사생활 영역으로 구분됐다. 개인과 개인 사이의 감정 문제이기 때문에 사적인 행위로 치부된 것이다. 분노해결의 맹점은 여기에 있다. 분노는 사적인 영역이 아니다. 분노가 사적인 영역으로 치우칠수록 단절斷絕로 이어진다. 주사가 심한 남편이 아내를 폭행하려고 하는 모습을 아들이 경찰에 신고했다고 가정해보자. 신고받은 경찰은 곧바로 현장에 달려올까? 설령 왔다고 하더라도 대부분의 경찰은 집안에서 조용히 해결하라고 권하는 수준으로 마무리할 것이다. 문제는 분노는 단절된 공간에서 '좋은 게 좋은 것'이라는 이름으로 더욱 증식한다는 것이다.

타산지석 훈련의 목적은 분노의 상황을 공적인 영역으로 끌어

내 객관적인 기준으로 구성원들이 다함께 해결해 봄으로써 분노에 대한 두려움을 제거하고 분노해결의 시너지효과를 얻는 데 있다. 정당한 권위를 회복하는 것이 핵심이다. 이 훈련을 제대로 하기 위해서는 집단생활에서 분노를 야기하는 요소를 찾을 때 지위고하를 막론하고 과감하게 노출하는 용기가 필요하다.

섭공이 공자에게 말했다.
"우리 당黨에는 정의正義를 실천하는 자가 있소. 아버지가 양을 훔치자 아들이 고발했다오."
공자가 말했다.
"우리 당黨에서 정의롭다고 하는 것은 이와 다릅니다. 아버지는 자식을 숨겨 주고 자식은 아버지를 숨겨 주는 속에서 정의正義라는 것이 있습니다."
『논어』 '자로'편 중에서

문득 얼마 전 만난 지인이 사과를 깎아주며 한 말이 생각났다.

"얼마 전 고향에 다녀올 기회가 있었어요. 오는 길에 고등학교 시절 맛있게 먹었던 사과가 생각나 사러 갔어요. 제가 다니던 학교 정문을 끼고 좌우로 과수원이 위치해 있어서 학창시절에 친구들과 사과서리도 참 많이 했죠. 문득 옛 추억을 생각하니 그때 그 주인아저씨가 계실까 궁금했는데 노인이 되어 아직도 지키고 계시더라고요. 반가운 마음에 '제가 고등학생 때 여기서 사과서리를 많이 했었는데 어르신께서는 다 알고 계셨죠?'라고 건넸더니, '그럼, 이 사과 먹고 지금 이렇게 건강하게 성장했잖아. 잘 알지!'라고 하시는 거예요. 순간 눈물이 핑 돌더라고요."

요즘 우리 사회는 날로 인심이 박해지고 있다. '법 없이도 산다'는 말이 무법천지라는 의미로 쓰인단다. 그만큼 마음이 날카로워졌다는 뜻이다. 공자는 사람의 아름다운 향기는 영원하다고 말한다. 진정한 정의는 마음의 향기를 함께 나누는 것임을 다시금 되새겨 보자.

타산지석 훈련과 일반 모의재판의 다른 점

타산지석 훈련은 재판이라는 형식을 빌려 집단생활에서 자주 벌어지는 분노사건을 보다 객관적이고 합리적으로 살펴보도록 하는 집단수련 방법 중 하나다. 따라서 실제 재판의 모형을 충분히 살려서 진행하되, 집단구성원 전원이 모두 참여하는 것을 원칙으로 해야 한다. 역할은 판사(정·부), 원고, 피고, 변호사, 증인, 배심원, 방청객 등으로 구성한다. 사건은 집단 내에서 반복적으로 분노를 발생시키는 일반적인 주제를 다룬다. 여기서 집단이라 함은 가정, 학교, 직장, 이웃 등을 말한다. 더불어 타산지석 훈련에는 일반적인 모의재판과는 다른 세 가지 조건이 있다.

하나, 사건의 선정 기준

분노재판은 정서와 정서의 불통으로 인한 소모적인 감정을 해소하여 긍정의 에너지로 소통하도록 하는 데 그 목적이 있다. 따라서 집단 내의 규칙위반, 절도, 폭행, 성추행 등 일반적인 범죄 행위의 개연성이 있는 것은 사건으로 채택될 수 없다.

둘, 변론의 기준

분노사건은 감정대립이 심할 수밖에 없다. 물증과 심증을 근거로 하는 일반 재판과 달리 정서변화의 흐름을 다루기 때문이다. 따라서 타산지석에서는 분노 유형을 근거로 변론해야 한다.

셋, 판결의 기준

타산지석은 원고와 피고의 승패가 목적이 아니다. 원고와 피고는 각각의 분노 유형을 검토하면서 분노습관을 제거하고 동심同心을 회복하는 것이 목적이다. 따라서 판결의 기준은 양측 가운데 어느 쪽이 동심의 회복을 더 설득력 있게 전개해 나가는가에 있다. 위 사건의 경우 상훈 씨가 원고가 되고, 윗집은 피고가 된다. 타산지석의 판결을 요약하면 다음과 같다.

"피고가 가게 운영을 이유로 아이들이 집안에서 뛰는 것을 어쩔 수 없다고만 반복하는 것은 不예의형에 해당한다. 또 아랫집이 새로 이사를 와 불편을 호소하면 어떤 사연이 있는지 살펴봐야 하는데 한 번도 방문하지 않은 것은 不관찰형에 해당한다. 마지막으로 분노사건이 발생하면 적극적으로 의사소통을 해서 해결하려는 의지가 있어야 하는데 대충 넘어가려는 태도를 보인 것은 不상통형에 해당한다.

원고는 새로 이사 온 입장에서 주위 이웃들과 함께하려는 의지가 부족했으므로 不나눔형에 해당한다. 또한 윗집은 젊고 한창 일해야 하는 상황이며 그들이 사정을 이야기했는데도 적응해 보려는 노력이 부족했으므로 不인내형에 해당한다. 이사 온 목적이 조금 한가하게 쉬고 싶다고 했다면 마음을 너그럽게 가져야 하는데 그렇지 못한 것은 不여유형, 不포용형에 해당한다.

재판 과정에서 피고는 대안으로 상훈 씨에게 문제의 저녁시간 동안 자녀를 돌보아주는 아르바이트를 제안했고, 상훈 씨는 그것을 수용했다. 따라서 이번 타산지석에서는 동심을 지혜롭게 이끌어낸 피고에게 무죄를 선고한다."

'결자해지'로 잊었던 동심을 회복하라

사회생활을 하다 보면 크고 작은 모임이 많다. 모임에서는 모임을 주도적으로 이끄는 사람이 필요하다. 그리고 그 리더의 역량은 곧 그 모임의 활성화 기준이 된다. 아무래도 나서기를 좋아하는 사람이 있으면 그 모임은 분위기가 활기차다. 이때 서로 나서기를 꺼리면 만만한 사람에게 대표 자리를 떠밀어 안긴다. 이렇게 스스로 나섰거나 등 떠밀렸거나 대개의 리더는 칭찬보다는 욕을 먹는 경우가 더 많다. 왜 그럴까?

우선 리더는 소수이고 구성원들은 다수이니 소수의 눈과 다수의 눈은 처음부터 게임에 불리한 조건이다. 또 다른 중요한 이유는 앞서 가는 자가 자기 스스로의 역량을 관찰하기는 어렵다. 반면에 뒤따라가는 자는 나서는 사람(리더)의 역량 관찰이 용이하다. 더구나 우리의 눈에는 장점은 원래 당연히 해야 하는 것으로 보이고, 단점은 손실로 보이기 때문에 더 잘 기억한다. 사람은 그 자리에 앉아 보아야 그 사람의 자연본성을 알 수 있다.

즉, 통제대상이 있는 경우에는 스스로 절제력이 발휘되기 때문에 그 사람의 자연성을 관찰하기 어렵다. 그러나 통제력이 없는 자유의 조건이 주어지면 그 사람은 자연본성을 드러내기 쉽다는 이야기다. 대표적인 사례가 권력형 비리다. 힘을 가지게 되면 그 사람의 본성을 유혹하는 일이 많아진다. 최고의 자리에 앉으면 통제보다는 선택의 범위가 넓어진다. 순수한 자율적 선택에서 그 사람의 본모습이 드러난다.

● **평범한 가정에서 태어나 별 어려움 없이 대학을 졸업한 경숙 씨는 곧바로 법조계 신랑을 만나 결혼했다. 소위 쟁쟁한 집안 출신의 남편 때문에 경숙 씨는 결혼 후 하루도 긴장을 놓을 수 없었다. 특히 첫 아이로 딸을 낳은 후 무언의 압박이 거세졌다. 아들을 낳지 못했다는 게 이유였다. 그때부터 경숙 씨는 딸아이를 보란 듯이 성공시키겠다고 맹세하고 또 맹세했다. 1차 목표는 국내 최고 대학으로 꼽히는 S대에 합격시키는 것이었다. 유치원 때부터 S대학교 탐방은 물론이고 개인과외를 붙여가며 공부시켰다. 다행히 딸아이는 잘 따라왔다. 그런데 첫 아이가 중학교에 들어갈 무렵, 둘째 딸이 생겼다. 경숙 씨는 모든 에너지를 첫째 딸에게 쏟고 있었던 터라 둘째 아이가 달갑지 않았다. 그로부터 6**

년 뒤 대입에서 첫째 딸은 S대 입학에 실패했다. 재수를 했지만 결국 다른 대학교에 입학해야 했다. 첫째 딸의 입시 실패 후 경숙 씨는 아무도 만나지 않고 방안에만 틀어박혀 지냈다. 심지어 자살까지 생각했다.

그렇게 생활한 지 8개월쯤 지났을까. 정말 세상을 정리하고 싶다는 생각이 들 쯤, 거실에서 울고 있는 둘째 딸의 목소리가 들렸다. 나가보니 아이의 눈빛이 이상했다. 경숙 씨는 그때 처음 엄마로서 둘째 아이의 눈을 바라봤다. 갑자기 이 아이를 두고 세상을 떠날 수 없다는 생각이 들었다. 그 후로 3개월 동안 경숙 씨는 하루도 빠지지 않고 도서관으로 출근했다. 자신과 둘째 딸 아이의 정신건강을 회복할 방법을 찾기 위해서였다. 그 과정에서 경숙 씨는 터닝 포인트를 찾았고, 지금은 아이와 그녀 모두 건강하게 잘 살고 있다.

경숙 씨는 '자신' 때문에 주위 사람들이 얼마나 힘들었을까를 깨닫지 못했다. 그렇게 생각하면 둘째 아이는 엄마를 다시 태어나게 해준 고마운 존재다. 따라서 동심은 둘째 아이를 평생의 스승으로 모시고 함께 사랑하고 성장해 나가는 삶을 사는 것이다. 우리 사회에 증식하고 있는 분노는 우리 모두가 만들어 낸 바이러스다. 그 바이러스를 퇴치하기 위해서는 '나'로 인해 분노의 화상을 입은 대상을 추적해 우선 내가 나에게 사과하고 적극적으로는 그 피해 대상에게 용서를 구해야 한다. 용서는 타인을 위해서가 아니라 자기 자신을 위해 필요하다.

실제 분노는 물처럼 위에서 아래로 흐른다. 힘이 센 사람의 분노는 힘이 상대적으로 약한 사람에게 전가된다. 가령 집안에서 부부가 싸우면 아이들은 슬슬 피해 달아난다. 분노가 자기에게 튄다는 사실을 잘 알기 때문이다. 직장에서도 마찬가지다. 사장이 분노하면 그 분노는 부장으로, 부장은 과장으로, 과장은 대리로, 대리는 말단 직원으로, 직원은 죄 없는 쓰레기통에 그 분노를 전달한다. 이 분노 흐름은 부지불식간에 분노의 악순환을 정당화시킨다. 분노는 내다 버리면 후회를 낳고, 잘 사용하면 자기 성장의 기회를 얻는다.

폭력 사례도 살펴보자. 폭력을 가하는 사람들의 심리적 공통점은 애정결핍이다. 성장기에 부모의 사랑을 제대로 받지 못할 경우 그 때 쌓아 둔 분노가 일정한 시기와 상황이 조성되면 폭력이라는 형태로 분출되는 것이다. 또한 통계에 의하면 폭력의 피해자가 나중에 폭력의 가해자가 되는 경우가 많다. 누구나 힘의 구조에 보면 약자의 위치에서 강자의 위치로 순환한다. 약자 때 받은 분노의 상처가 잠복해 있다가 강자가 돼 기회가 오면 분노의 보복으로 변하는 것이다.

이러한 악순환을 막기 위해서는 자기를 강자로 전제하고 자기보다 약자에게 분노를 전가했던 그 대상을 탐색하면서 자기 자신의 분노습관을 깨는 '결자해지結者解之' 훈련이 필요하다. 결자해지는 사회 전체 이익의 총합이 일정해 어느 한쪽이 이득을 더 취하면 반드시 그만큼 다른 쪽은 손실을 보게 된다는 '제로섬zero-sum'의 이치를 적용한 것이다.

자기 주위에서 만만하게 판단해 온 대상에게 분노를 발생시킨 사건을 집중적으로 탐색하면서 다른 각도에서 자신의 분노습관을 깨는 데 그 의미가 있다. 아울러 결자해지 공부에 임하는 바람직한 자세는 태어나서 지금까지 살면서 자기 자신과 함께했던 주위 사람들과의 관계를 최대한 기억해 내려고 노력하는 것이다. 사람은 대개 상처받은 쪽은 그것을 오래 기억하는 반면, 상처 준 쪽은 그것을 쉽게 잊기 때문이다.

오, 주 나의 하느님, 언제나처럼 참아 주소서. 이미 아시듯이 이 세상의 인간들이 그들에게 전해 내려온 문법의 규칙은 엄격하게 지키려고 하면서도, 당신에게 받은 영원한 구원의 규칙은 무시합니다. 전통적인 발음의 규칙을 배우거나, 그것을 가르치는 사람들은 어떤 사람이 인간에서 'h'를 빼고 발음하는 것이 당신의 계명을 어기고 다른 사람을 미워하는 것보다 더 중요하다고 생각합니다. 사람들이 남을 미워할 때는 자신의 내부의 적이 미운 그 상대보다 나에게 더 해가 됨을 알지 못합니다. 미움으로 심각하게 상처받는 것은 그 상대가 아니라 바로 우리의 마음임도 알지 못합니다.
하늘의 침묵 속에서 홀로 높으시고 거룩하시며, 인간에게 보이지 않는 하느님! 우리는 당신의 영원하신 정의는 잘못된 야망에 맹목성이라는 벌을 가하십니다. 웅변가로서 명성을 좇는 사람은 청중에 둘러싸여 인간의 심판관 앞에 서서 자신의 적을 악의에 가득 찬 독설을 퍼붓습니다. 그때에도 인간은 잠깐의 실수로 'human'을 'uman'으로 발음하지 않을까 무척이나 주의하지만, 자신의 마음속 광기가 인간을 죽음으로 몰아넣지 않을까에 대해서는 전혀 걱정하지 않습니다.

아우구스티누스의 『고백록』 중에서

사람은 관심을 어디에 두느냐에 따라 삶의 모습이 달라진다. 몸에 관심을 두면 몸에 변화가 일어난다. 마음에 관심을 두면 마음에 변화가 일어난다. 긍정에 관심을 두면 긍정의 모습이 나타나고 부정에 관심을 두면 부정의 모습이 나타난다. 아우구스티누스는 하느님이 모든 인간에게 공평하게 안겨 준 맑은 영혼에 관심을 두라고 권한다. 그 맑은 영혼은 영원히 변치 않는 순수한 사랑이다. 나의 영혼을 사랑할 줄 아는 사람이 다른 사람에게도 사랑을 줄 수 있다.

동심을 회복시켜주는 결자해지 훈련법 5단계

1단계

그동안 살면서 나 때문에 분노의 상처를 받았다고 생각하는 사람들의 명단을 작성한다.

2단계

그 대상 중에서 상처가 가장 크게 남아 있을 것이라고 판단하는 자를 선택한다.

3단계

언제, 어디서, 무엇 때문에, 그에게 어떤 상처가 남아 있을 것이라고 예상하는지 추정해 본다.

4단계

자기 자신과 그 대상의 분노 유형을 찾는다.

5단계

동심을 회복하게 된다. 이후는 그 다음 대상에게 3단계, 4단계, 5단계를 순환 반복하면 된다.

'유비무환' 훈련으로 쪼개진 분노의 파편을 모아라

영화 〈마스크〉의 줄거리는 대략 이렇다. 은행에서 일하는 평범한 샐러리맨인 주인공 스탠리는 우연히 고대 시대 유물인 마스크를 발견한다. 그런데 이 마스크에는 아주 신비로운 힘이 담겨 있다. 마스크를 쓰면 누구나 초인적인 힘을 가진 불사신으로 만들어준다. 스탠리는 밤마다 마스크를 쓰고 도시를 휘젓고 다니지만 마스크를 벗는 순간, 자신이 무슨 일을 했는지 기억하지 못한다.

'나에게 이런 마스크가 주어진다면 무엇을 할까?' 누구나 한번쯤 이런 마스크를 써보고 싶다는 욕망을 가져본 적이 있을 것이다. 그렇다면 마스크를 쓴 나, 마스크를 벗은 나 가운데 어느 쪽이 진짜 나일까? 사실 마스크를 쓰기 전까지는 이런 고민을 할 이유가 없다. 나는 그냥 일상의 나이기 때문이다. 살다 보면 이처럼 일상에서 쇼킹한 경험을 하게 될 때가 있다. 이때 원래 '나' 외에 또 다른 '나'가 생겨난다. 그리고 쇼킹의 강도와 빈도에 따라 하나의 '나'는 여러 개의 '나'로 분리되기도 한다.

만약 그 쇼킹한 사건 때문에 분노가 일었다면 어떨까? 그릇이나 컵은 외부의 충격이 있을 때 일정 수위의 임계점을 넘기면 금이 가면서 깨진다. 본래 하나였던 모습은 없어지고 여러 개의 조각으로 남는다. 인간의 정서도 마찬가지다. 원래 하나의 모습을 띠고 있던 정서 그릇에 분노의 충격이 가해지면 금이 가기 시작한다. 그 충격을 견디지 못할 때 정서 그릇은 상처라는 형태로 깨지고 만다. 정서 그릇의 파편화는 인간의 에너지를 낭비시키는 주범이다.

분노의 상처는 과거와 현재와 미래를 자유롭게 여행한다. 그러다가 그 상처를 건드리면 온갖 신경을 곤두세우고 저항한다. 회복되지 않은 상처는 바이러스에 예민하며, 바이러스에 감염되면 합병증으로 발전한다. 또 분노 상처에 감염되면 에너지는 과거와 미래로 흩어진다. 바이러스에 감염된 에너지는 적군이다. 그 수가 많아질수록 아군에게 불리하다.

● 30대 후반의 미혼여성인 가은 씨는 공무원인 아버지와 교사인 어머니 사이에서 2남 2녀 중 막내로 태어났다. 어릴 때부터 유별나게 청개구리 기질을 보였던 그녀는 그저 말 잘 듣는 다른 형제들과 달리 지금껏 부모의 의견과

반대 방향으로만 걸어왔다. 그러다 보니 자연스럽게 '홀로' 하는 습관이 형성됐다. 이제 가은 씨는 남들과 섞이지 않고 홀로를 유지하는 것이 훨씬 편하고 자유스럽다. 그래서 무슨 일이 있을 때도 혼자 생각하고 혼자 판단하고 혼자 책임을 진다.

문제는 이런 습관이 완벽주의로 이어졌다는 것이다. 누군가 조그마한 실수나 결함만 보여도 그녀는 분노를 일으킨다. 시간이 흐를수록 자기학대도 심해졌다. 가은 씨는 이 모든 상황이 어릴 때부터 지나치게 타인을 의식하도록 강요받았기 때문이라고 생각한다. 그래서 자기학대가 심해질 때면 부모에게 가장 큰 분노를 느낀다.

사람은 미완성적 존재다. 성장과정에 누구나 오류는 있다. 그 오류를 발견하고 보다 더 완성에 가깝도록 노력하는 모습이 사람다움이다. 이미 갖추어진 사람보다도 열악한 환경을 디디고 개과천선하는 사람에게 더 큰 박수를 보내는 이유가 여기에 있다. 아픈 만큼 성숙해지기 위해서는 자기 역사를 돌아보며 내 마음속에 잠복해 있는 분노의 씨앗을 찾아 제거하는 훈련이 필요하다. 이것이 바로 유비무환 훈련이다. 유비무환 훈련은 분노파편이 박혀 있어 여러 개로 쪼개져 있는 '나'를 그 파편을 제거해 본래 하나였던 '나'로 회복시켜준다. 과거를 더듬으면서 아직 회복되지 않은 상처를 찾아 새살이 돋아나도록 돕는 것이 이 훈련의 목적이다.

분노에 있어서 회복과 치료는 다르다. 회복은 본래 하나였던 '나'의 모습을 되찾는 것이다. 그러나 치료는 그 상처를 아물게 했을 뿐 아직 금이 남아 있는 단계를 말한다. 새살이 돋아나지 않으면 흉터는 남는다. 하지만 분노에 있어서는 흉터도 남겨서는 안 된다. 그 흉터는 분노의 잠재적 씨앗이기 때문이다. 모든 것이 마찬가지지만 특히 분노 공부는 자기와의 싸움이 가장 어렵다. 나에게 분노를 준 상대는 나를 아끼는 고마운 스승이다. 이것을 받아들이고 내 마음속에 잠복해 있는 분노의 씨앗을 스스로 지워 나가야 한다. 그 길이 내가 상대보다 한 단계 성숙해지는 지름길이다.

사리불이 말하였다.
"모든 중생은 일전체로부터 비롯되니, 천제의 마음이 어떠한 계위에 머물러야 여래와 여래의 실상에 이를 수 있습니까?"
부처님께서 말씀하셨다.
"천제의 마음으로부터 여래와 여래의 실상에 이르기까지 다섯 계위를 머물러야 한다. 첫째는 몸가짐이니, 이 몸 가운데 있는 진여 종자가 허망한 것에 의하여 가려 있으나 허망한 마음을 떨쳐 버리면 맑은 마음이 깨끗해짐을 믿고, 모든 경계가 의언의 분별임을 아는 것이다. 둘째는 생각가짐이니, '사랑한다'는 것은, 모든 경계는 오직 의언으로서, 의언으로 분별하여 생각대로 나타나서 보는 바의 경계가 나의 본식이 아님을 관찰하는 것이다. 이 본식은 법도 아니고 의도 아니며, 취하는 대상도 아니고 취하는 주체도 아님을 알아야 할 것이다. 세 번째는 수양가짐이니, 닦는다는 것은 항상 일으키는 것으로, 능기와 기의 닦음이 동시인 것이니, 먼저 지혜로써 인도하여 모든 장애와 어려움을 밀어내어 번뇌로부터 벗어난다. 넷째는 행동가짐이니, 행이라는 것은 모든 수행의 지위를 떠나 마음에 취하거나 버림이 없어지는 것이니, 매우 맑고 근기가 예리하게 된다. 마음을 움직이지 아니하여 여여如如하게 되고, 결정되니 여실한 자성이며, 큰 열반으로서 오직 자성은 공적하며 광대하다. 다섯째는 비움가짐이니, '버린다'는 것은 자성의 공적함에 머물지 않고 정지가 흘러 변화하는 것이며, 대비의 여여如如한 상은 그 상이 여여如如함에 머물지 않는 것이고, 삼먁삼보리에 마음을 비워 증득하였다고 여기지 아니하는 것이다. 마음에 변제가 없어서 처소를 볼 수 없으니, 이것은 여래에 이른 것이다."

『금강삼매경』 중에서

이 글에서 부처는 현실에 에너지를 집중하는 방법으로 몸가짐, 생각가짐, 수양가짐, 실천가짐, 비움가짐 등 5단계 프로세스를 제시했다. 이 다섯 가지 훈련을 반복하면 흩어져 있던 분노의 집착들이 하나씩 제거된다는 것이다. 이 자기정화는 결국 비움이다. 비우면 비울수록 현실에 충실할 수 있다. 비움의 철학은 에너지 사용의 효율성에 관심을 둔다. 현대인들은 여러 개의 '나'를 관리하느라 피곤하다. 에너지가 낭비되고 있는 것이다.

더불어 부처는 '마음과 현상이 둘이 아닌 것을 간직하는 작용이라고 하며, 안의 행위와 밖의 행위에 나오고 들어감이 다르지 않고 하나의 상에 머물지 아니하여 마음에 얻고 잃는 것이 없어서 하나이면서 하나가 아닌 경지에 마음을 깨끗이 하여 흘러들어가는 것을 관찰한다고 하는데, 이 작용과 관찰을 잘하는 사람은 깨달음을 얻은 자'라고 말한다. 비우고 비우면 결국 하나 된 참 '나'만 남는다는 것이다. 무척이나 어려운 말이다. 참 '나'를 찾는 자유와 행복의 기쁨은 공짜로 주어지지 않는다.

본래의 나로 회복할 수 있는 유비무환 훈련법 5단계

1단계

과거를 추억하며 분노의 상처와 흉터를 모두 찾아 적는다. 이때 아무리 작은 것이라도 자신의 에너지를 흩어지게 하는 것이라면 모두 적는 것이 중요하다.

2단계

가장 상처가 깊고 아픈 기억 순으로 정렬하고 순위별로 선택한다.

3단계

선택한 대상에 대해 누구와 언제, 어디서, 무엇 때문에, 왜 분노의 상처를 남겼는지 탐색한다.

4단계

그 당시 분노의 주체와 객체의 분노 유형을 찾는다.

5단계

분노기억을 지우고 동심을 회복한다. 이 단계에서 주의해야 할 점은 분노기억을 정리하는 것과 비우는 것은 다르다는 것이다. 정리는 쌓아 놓는 작업이다. 이것은 자기 이해의 단계지, 자기와 대상에 대한 납득은 아니다. 정리는 아직도 여러 개의 '나'에 머물러 있는 상태다. 또 다른 '나'를 인정하는 공부는 분노회복에 한계가 있다. 분노기억은 완전히 비워야 한다. 비우는 흉내만 내어서도 안 된다. 앞에서 언급했던 여러 가지 분노조절 공부 가운데 이 공부가 가장 높은 난이도다. 자기 자신 안에 숨어 있는 적군을 찾아내어 자폭을 해야 한다. 비운다는 것은 원래 하나였던 '나'를 믿고 흩어진 에너지를 하나로 모으는 훈련이다.

선택의 기준을 명확하게 하라

● 형주 씨네 동네에는 노부부가 운영하는 약국이 하나 있다. 노부부는 손님들이 약 값을 계산할 때 꼭 자신의 약국에서 바겐세일 혜택을 보고 있음을 강조한다. 예를 들어 "이 약은 정가가 3만 원인데 우리 약국에서는 세일해 2만 5천 원에 드린다."고 말이다. 손님 입장에서는 기분 좋은 말이다. 그래서인지 이 약국은 항상 손님이 붐빈다.

훌륭한 마케팅 전략이다. 어떤 물건을 바겐세일한다는 말은 사람의 마음을 움직인다. 선택의 심리적 부담을 자극시키기 때문이다. 선택에는 늘 심리적 부담이 뒤따른다. 이 물건은 정말 믿을 수 있는 걸까? 가격은 적당할까? 바가지 쓰는 건 아닐까? 다른 곳에 가면 더

싸게 살 수 있는 건 아닐까? 지금 사야 할까? 후회하지 않을까? 물건은 마음에 들어 할까? 등이 그것이다. 그래서 비즈니스를 잘하는 사람은 손님의 이런 심리적 타이밍을 잘 활용한다. 또 지금 이 기회를 놓치면 손해 본다는 심리적 압박을 적절할 때 적절하게 가하기도 한다.

우리네 인생은 선택의 연속이다. 그중에서도 기회의 선택은 매우 중요하다. 기회는 잘 잡으면 대박이지만 잘못 잡으면 쪽박이 될 수도 있다. 대개 기회는 5대 5의 상황에서 선택해야 하는 경우가 많다. 득과 실이 반반이다. 살기가 어려워질수록 긍정의 기회는 점점 더 줄어든다. 그리고 요즘처럼 사회가 불안해질수록 불안 심리를 악용하는 기회를 빙자한 유혹들이 늘어난다.

사실 기회는 유혹을 동반하는 경우가 많다. 그러나 마음의 관점에서는 기회와 유혹은 출발점이 다르다. 기회는 5대 5의 상황에서 출발하지만 유혹은 0대 10의 상황에서 출발한다. 유혹은 일회적 관계를 전제로 하고 거래한다. 유혹의 선택은 결국 후회를 낳는다. 후회는 인간에 대한 불신을 키우고 그 불신은 분노의 밭을 제공한다. 따라서 유혹이 통하는 사회는 분노를 기르는 사회다. 이러한 사회는 사람과 사람의 관계망이 허술하다. 그 속에서는 개개인들의 의지와는 상관없이 서로가 속고 속이는 행위를 반복한다. 그리고 그 행위의 습관은 자기 자신도 모르게 몸에 밴다.

무서운 것은 처음에는 모르는 사람에게 비즈니스용으로 사용하던 유혹하는 삶의 방식이 점차적으로 가까이에 있는 사람에게까지 광범위하게 적용하게 된다는 사실이다. 인생은 바겐세일이 아니다. 우리 사회에 팽배해 있는 많은 분노의 지뢰는 유혹의 밭에서 나온다. 선택은 곧 자기 책임이다. 따라서 유혹으로 인한 분노의 환경을 벗어나기 위해서는 선택의 기준을 명확하게 해야 한다.

포정이라는 훌륭한 요리사가 살았다. 포정은 문혜군을 위하여 소를 잡았다. 그가 소를 잡을 때는 손을 갖다 대고 어깨를 기울이며 발로 디디고 무릎을 굽힌다. 쓱쓱, 쓱쓱 칼질하는 완벽한 음률이 상림의 춤을 추고, 경수의 장단에 맞춰 율동하는 것 같았다.

문혜군이 그걸 보고 말했다.

"참으로 잘도 하는구나. 이렇게도 재주가 뛰어날 수 있단 말이냐?"

포정이 칼을 내려놓고 대답했다.

"저는 다만 도道를 귀하게 생각할 뿐이옵니다. 도는 재주를 넘어선 것이지요. 제가 처음에 소를 잡았을 때는 눈에 보이는 건 소의 모습뿐이었어요. 삼 년이 지나니 소가 통째로 보이지 않더군요. 지금은 소를 마음으로 대할 뿐이지, 눈으로 보지 않습니다. 눈으로 보지 않으니 마음이 가는 대로 칼을 움직입니다. 원래 생긴 그대로의 고기 결을 따라 고기 사이의 틈바귀가 있으면 거기에 칼을 밀어 넣고 큰 구멍에 칼을 댑니다. 이렇게 소가 생긴 그대로 칼을 댈 뿐, 무리하게 소의 살이나 뼈를 댄 적이 없었지요. 솜씨 좋은 소잡이는 일 년 되면 칼을 바꾸는데 그건 고깃살을 가르기 때문입니다. 평범한 소잡이는 달마다 칼을 바꾸지요. 뼈를 자르니까 그렇습니다.

하지만 저의 칼은 19년이나 되었고, 그동안 소를 수천 마리 잡았지만 칼날은 방금 숫돌에 간 것 같습니다. 뼈마디에는 틈새가 있고, 칼날에는 두께가 없습니다. 두께가 없는 것을 틈새에 넣으니 널찍하여 칼이 여유 있게 움직일 수 있습니다. 그래서 19년이나 되었지만, 칼날은 방금 숫돌에 간 것 같죠. 하지만 살과 뼈가 엉킨 곳은 저도 어려워 두렵습니다. 거긴 아주 조심조심하여 집중하여 천천히 손을 움직여 칼질을 아주 미묘하게 움직이죠. 그러면 뼈와 살이 툭하고 갈라지는데 마치 흙덩이가 땅에 떨어지는 소리 같아요. 칼을 들고 일어서 일단 사방을 둘러보고 잠시 머뭇거리다가 흐뭇한 마음으로 칼을 닦아 갈무리를 합지요."

문혜군이 말했다.

"대단하구나. 오늘 네 말을 듣고 난 양생養生이 뭔지 배웠다."

『장자』 '양생주'편 중에서

도道는 재주(스킬)를 넘어서는 것이다. 여기서 도道는 내 것을 의미하고 재주는 남의 것을 뜻한다. 내 것을 선택하는 사람은 줄 것에 초점을 맞춘다. 반면 남의 것을 선택하는 사람은 받을 것에 더 무게를 둔다. 이것이 선택의 기준이요, 차이다. 내가 줄 수 있는 것을 항상 고민하는 사람은 성장과 함께 여유가 생긴다. 이런 사람에게 유혹은 통하지 않는다. 유혹은 나약한 사람에게는 기회로 보인다. 분노의 골이 깊은 사람은 인생에서 어떠한 선택을 해 왔는지 스스로 점검해 보기 바란다. 인생에 정답은 없지만 오답은 있다.

올바른 선택을 위해 알아야 할 세 가지

● 내가 줄 것과 받을 것을 명확히 알 것

선택의 기준은 내 것과 내 것 아닌 것의 판별이다. 시내에서 버스를 타려고 정류장에 서 있으면 수많은 버스들이 내 앞을 지나간다. 그러나 내가 타야 하는 버스는 그 가운데 한두 대로 이미 정해져 있다. 사무실 근처에서 점심을 먹으러 식당가를 나오면 음식점이 메뉴별로 즐비하다. 이때도 여러 가지를 고려해서 그날 점심을 먹을 식당은 한 곳으로 정해진다. 내가 선택한 버스와 음식점은 내 것이다. 그 나머지는 내 것이 아니다. 내 것을 정확하게 선택하기 위해서는 내가 줄 것과 내가 받을 것을 명확하게 알아야 한다. 우선은 상대에 대한 정보를 알아야 한다.

● 주는 것의 행복을 기억할 것

초행길을 갈 때는 버스 선택이 쉽지 않다. 노선과 운행시간 운임 등 여러 가지 정보를 얻느라 두리번거리게 된다. 음식점을 선택할 때도 마찬가지다. 맛은 어떤지, 가격은 어떤지, 서비스는 어떤지, 카드는 받는지 안 받는지 등 정보를 얻기 위해 식당 밖에서 기웃거린다. 정보를 알았으면 이제는 계산기를 두들겨 보아야 한다. 가격대비 최고의 만족을 얻을 수 있는 적점을 찾아야 한다.

여기서 합리적인 적점은 내가 줄 것과 받을 것이 5대 5의 지점이다. 문제는 5대 5 이하이거나 그 이상인 경우다. 내가 줄 것보다 받을 것이 더 많으면 행복하게 선택한다. 반면 내가 줄 것보다 받을 것이 적으면 버린다. 이것이 시장논리의 정석이다. 대개 인생의 문제도 여기에 준한다. 그러나 바겐세일에 익숙해진 우리는 주는 것의 행복을 잊고 산다. 인생에서 내 것은 받을 것보다는 내가 줄 것이 더 많다.

● 내 것이 아닌 것은 과감히 포기할 것

받을 것에 예민한 사람은 분노가 많다. 내 것보다는 남의 것을 더 탐내기 때문이다. 분노를 줄이기 위해서는 남의 것을 포기하는 연습이 필요하다. 남의 것을 취하도록 부추기는 것이 유혹이다. 남의 것은 언젠가는 내 손에서 떠난다. 설령 남의 것은 내 손 안에 있더라도 나에게 화근이 되거나 더 좋은 기회를 빼앗아 간다.

이런 경우는 우리 사회 곳곳에서 발견된다. 주위에 보면 사업을 하는 사람들 중에 무리하게 확장을 해서 자금이 부족하면 지인들에게 SOS를 요청한다. 이 고비만 넘기면 대박이 기다린다고 유혹한다. 대학 입학시험이나 취업시험, 특히 공무원시험은 간발의 차이로 승패가 갈라진다. 한 해만 더 참고 도전하면 나에게 행운이 올 것이라고 유혹한다. 각종 선거에 출마해서 박빙으로 낙마해 본 경험이 있는 사람은 다음번에는 그동안 유권자에게 뿌려 온 땀방울을 거둘 기회가 올 것이라는 유혹을 떨치기가 쉽지 않다. 도전은 목표를 향해 돌진하는 것이 아니다. 내 것이 아닌 것을 포기하는 것도 훌륭한 도전이다. 현대인들은 포기하는 도전이 더 어려울 것이다.

도는 재주를 넘어선 것이지요.
제가 처음에 소를 잡았을 때는 눈에 보이는 건
소의 모습뿐이었어요.
삼 년이 지나니 소가 통째로 보이지 않더군요.
지금은 소를 마음으로 대할 뿐이지,
눈으로 보지 않습니다.
눈으로 보지 않으니 마음이 가는 대로 칼을 움직입니다.

교육에 대한 인식을 바꿔라

'참을 인[忍]자 셋이면 살인도 피한다'는 말이 있다. 분노가 치밀어 올라오면 곧바로 표출하지 말고 그 타이밍을 지혜롭게 넘기면 이성적으로 해결할 수 있다는 말이다. 맞는 말이다. 분노는 객기[客氣]다. 그리고 객기는 부리고 나면 반드시 후회를 낳는다.

요즘 들어 대한민국의 분위기가 심상치 않다. 객기를 부리는 사람이 눈에 띄게 늘었다. 어린아이부터 노인에 이르기까지 그 대상도 다양하다. 지위고하와 지역에 상관없이 동시다발적으로 일어나고, 사연도 천태만태다. 어느 날은 뉴스의 대부분이 객기로 인한 사건사고를 다룰 정도다. 이 정도면 참을 인 자 셋 가지고는 턱없이 부족하다. 참는 방법으로 해결할 단계를 이미 넘어선 것이다. 그렇다면 분노의 시작과 끝은 어디일까? 이 상황을 극복할 수 있는 대안은 없을까?

객기의 반대 개념은 정기精氣다. 객기가 잠시 머물렀다가 떠나는 손님의 기운이라면, 정기는 언제나 변하지 않고 늘 그 자리를 지키는 주인의 기운이다. 우리가 분노의 시대에서 벗어나는 방법은 객기에서 정기로 상상의 창을 옮기는 것이다. 여기서 정기는 얼이다. 얼이 살아 있으면 객기는 나타나지 않는다. 반면 얼이 빠져 제 기능을 다하지 못하고 중심을 잃으면 객기는 난동을 부린다.

정기는 집단의 정체성이기도 하다. 집단의 구성원들을 한 곳으로 묶어 주는 기준이 살아 있으면 객기는 들어설 자리가 없다. 구성원들이 혼란한 틈을 보이면 객기는 즉시 '이간질'이라는 이름으로 그 사이를 채운다. 마지막으로 정기는 질서다. 개체와 전체는 유기체다. 개체와 전체 사이에 질서가 서 있으면 객기는 힘을 쓰지 못한다. 개체와 전체 사이에 신뢰를 잃으면 객기는 부정부패의 양분을 먹고 전사의 역할을 다한다. 주인이 주인의 역할을 제대로 하지 못하면 손님이 끼어드는 것이 당연하다.

하지만 주인은 저절로 되지 않는다. 주인으로서 책임과 의무를 다해야 비로소 주인으로 인정받는다. 예를 들어보자. 집에 손님을 초대했을 때 손님에게 청소해라, 음식해라, 술 사와라 등등 무언가를 시키지 않는다. 그것은 주인의 몫이다. 주인은 손님을 위해 수고를 아끼지 않는 사람이다. 수고를 아끼려 잔머리를 많이 쓸수록 스스로 주인의 자리에서 멀어진다.

주인은 손님에게 무엇을 줄지 잘 아는 사람이다. 예를 들어 사과농장 주인은 벌레 먹은 사과도 맛있게 먹는다. 좋은 사과는 마땅히 손님의 몫이라는 진리를 알고 있기 때문이다. 주인은 이웃과 똑같은 실수를 저질렀다면 먼저 사과한다. 사람의 도리를 잘 알기 때문이다. 손님은 이런 상황에서 핑곗거리를 먼저 찾는다. 핑곗거리에 밝은 사람은 주인으로 살지 못한다. 주인은 남의 것을 탐내지 않는다. 이 세상에 공짜는 없다는 철칙을 잘 안다. 주인은 자신의 강점을 살려 먹고살지만, 손님은 주인의 약점을 이용하려 파고든다. 주인의 길과 손님의 길은 이렇듯 다르다.

이런 관점에서 분노사회는 주객전도의 사회다. 분노현상은 주인과 손님이 뒤바뀐 사회구조의 위험을 알리는 경종이다. 이 경종의 소리를 듣고 그 축을 터닝하기 위해서는 주도면밀한 준비를 해야 한다. 위험사회에서는 정상적인 말도 거꾸로 듣기 때문이다. 화폐감별사는 위조화폐를 보지 않는다. 가짜화폐를 접하다 보면 진짜화폐를 보는 감각을 잃을까 염려해서다. 탁월한 감별사일수록 진짜를 명확하게 인식하고 있는 것이다. 같은 이치로 훌륭한 의사는 증후군을 많이 알려고 하기보다는 지극히 정상적인 몸의 원리에 더 밝다.

우리의 삶도 마찬가지다. 훌륭한 삶, 건강한 삶, 아름다운 삶, 닮아가고 싶은 삶, 행복한 삶의 기준에 밝아야 한다. 그 기준은 정기이며 주인이다. 교육은 다름이 아니라 정기를 가르치고 배우고 깨달아서 주인의 삶을 살아가도록 돕는 것이다. 그런데 언제부터인가 우리 교육은 그 본연의 길을 망각하고 있다. 이유야 어찌 되었든 간에 삶의 기준을 전환하는 유일한 희망은 교육일 수밖에 없다. 변화의 성공은 외부의 물리적인 혁명보다는 지속적이고 체계적인 교육을 통하여 자발적으로 이루어 나가는 것이 더 지혜롭기 때문이다. 터닝의 성패는 교육을 통한 인식의 전환 여부에 달려 있다.

학문이란 진실로 폭넓게 해야 하는 것이므로 지름길로 가서는 안 된다. 다만 배우는 사람이 나아갈 방향을 정하지 못하거나 마음을 견고하게 세우지 않은 채 오직 넓히는 데에만 힘을 쏟는다면, 마음이 흔들려 취사선택을 정밀하게 하지 못하거나 또는 갈피를 잡지 못해 진실을 잃을 수가 있다. 그러므로 반드시 먼저 요점을 찾고 확실하게 방향을 정한 다음에 널리 배우면 종류에 따라서 성장하게 될 것이다.

이율곡의 『성학집요』 중에서

어느 것이나 마찬가지겠지만 특히 교육은 방향과 기준이 중요하다. 공부의 방향은 인생의 방향을 뜻한다. 그리고 공부의 기준은 그 사람의 가치판단의 기준으로 자리 잡는다. 그래서 예로부터 교육을 백년대계百年大計라고 일컬었던 것이다. 난세의 상황일수록 교육은 중심을 잡아야 한다. 교육은 객기客氣를 잡고 정기精氣를 살리는 유일한 희망이다.

정기를 살리는 교육실현을 위한 터닝포인트

하나, 지식과 기술 중심에서 인성과 소통 중심으로 전환할 것

스마트 시대에서 지식의 습득과 기술의 연마 자체만으로는 더 이상 힘이 아니다. 미래의 경쟁력은 이미 공유된 지식과 기술을 누가, 어떤 목적으로 가치를 창출하는가에 달려 있다. 똑같은 책 한 줄을 가지고도 누가, 어디서, 어떻게 활용하느냐에 따라 그 가치는 천지차이가 난다. 동일한 기종의 스마트폰을 가지고 있더라도 누가, 언제, 어디서, 어떻게 사용하느냐에 따라서 그 값어치는 천태만상이다.

가치를 만들어 내는 것은 지식과 기술이 아니라 인성과 소통이다.

둘, 교수법을 바꿀 것

인성과 소통 중심의 교육은 피드백교수법이 적합하다. 피드백교수법이란 교사가 교육목적에 맞는 백지발문을 던져 주면 학생들은 각자 그 백지를 채우고 교사와 학생이 함께 피드백을 주고받는 쌍방향학습법이다. 인성과 소통능력은 밖에서 주입시켜서 길러지지 않는다. 내 안에 있는 긍정의 에너지를 스스로 발견하고 사용해 봄으로써 개발되는 영역이다.

셋, 평가방식을 도구평가에서 목적평가로 전환할 것

기존의 지식과 기술 중심의 정량평가는 사람을 도구로 인식하는 데서 출발했다. 교육은 생산의 양에 초점을 두고 설계하였기 때문에 인재평가 역시 도구평가의 기준을 따른 것이다.

인성과 소통역량을 평가하기 위해서는 사람을 목적으로 인식해야 한다. 목적평가란 사람 개개인의 가치를 중심에 두고 그 가치의 실현 정도를 객관적으로 평가해 주는 방식이다. 도구평가가 평가를 당하는 수동적인 구조라면, 목적평가는 자기 스스로 평가의 기준을 세운다는 점에서 능동적인 평가구조라 할 수 있다.

> 난세의 상황일수록 교육은 중심을 잡아야 한다.
> 교육은 객기를 잡고 정기를 살리는 유일한 희망이다.

EPILOGUE

화내지 않고 우아하게 행복해지는 법

토끼와 거북이의 경주. 동일한 지점에서 서로가 승리를 장담하며 출발한다. 토끼가 한참을 가다 보니 느린 거북이는 저만치 뒤에서 엉금엉금 기어오고 있다. 토끼는 이 속도라면 낮잠을 자도 충분히 이길 수 있을 것이라 판단하고 단잠을 청한다. 잠에서 깨어나 보니 거북이는 이미 결승지점에 다다르고 있다.

토끼와 거북이는 출발점은 같았다. 그런데 목표는 서로 달랐다. 토끼의 목표는 거북이를 이기는 것이었다. 거북이는 오로지 자기가 정한 결승점에 도달하는 것이었다.

우리 인생도 마찬가지다. 토끼처럼 자기와 비교할 수 있는 대상만을 바라보고 사는 사람은 실패할 가능성이 크다. 그러나 거북이처럼 오로지 자기 자신이 정한 목표를 향해 사는 사람은 성공할 가능성이 높다. 자기 자신과 경쟁하는 거북이의 인생은 주변에서 보면 답답하게 보일지도 모른다. 그러나 시간이 지날수록 자기 자신의 내공이 쌓여 변화와 창조를 자유롭게 구사할 수 있는 힘이 있다.

하지만 아직 우리 사회는 토끼인생을 사는 사람이 더 많다. 학창시절에는 성적을 비교하고 학교를 비교한다. 사회에 나와서는 직업을 비교하고 재산의 정도를 비교한다. 대한민국은 선진국과 비교하느라 아직도 선진국이 되지 못하고 있다. 대한민국이 스스로 잘할 수 있는 것을 당당히 할 수 있을 때 선진국으로 도약할 수 있을 것이다. 그리고 거북이의 인생관에서 지혜를 배워야 할 때다. 자신의 인생을 바라보고 행복의 최종지점에서 웃을 수 있어야 한다. 이것이 화와 분노에서 자유로워질 수 있는 길이다.

인생을 보다 우아하게 설계하는 비결은 '성찰, 인내, 정직, 성실, 여유, 관찰, 도전, 개성, 상통, 몰입, 정의, 협력, 예의, 나눔, 포용' 등 정서근력을 튼튼하게 기르는 것이다. 여기서 핵심요소는 꿈과 열정이다. 특히 노년기에 열정을 가지면 위대한 업적을 남길 수 있다. 세계 역사상 최대 업적의 35%는 60~70세에 성취됐다. 그리고 23%는 70~80세 노인에 의해, 6%는 80대에 의해 이뤄졌다. 결국 역사적 업적의 64%가 60세 이상의 노인들에 의해 성취된 셈이다. 소포클레스가 클로노스의 에디푸스를 쓴 것은 80세 때였고, 괴테가 파우스트를 완성한 것은 80세가 넘어서였다. 다니엘드 포우는 59세에 로빈슨 크루소를 썼고, 칸트는 57세에 순수 이성 비판을 발표하였고, 미켈란젤로는 로마의 성 베드로 대성전의 돔을 70세에 완성했다. 베르디, 하이든, 헨델 등은 고희의 나이를 넘어 불후의 명곡을 작곡했다.

북쪽의 큰 바다에 곤이라는 물고기가 있다.

곤의 크기는 얼마나 큰지, 등 길이가 몇 천 리가 되는지 모른다. 그 물고기가 변하면 붕새가 된다. 붕새의 등 길이 또한 몇 천 리가 되는지 알 수 없다. 있는 힘을 다해 붕새가 하늘로 솟구치면 날개는 마치 하늘을 드리운 구름처럼 된다.

이 새는 바닷물이 크게 일렁이면 그 바람을 타고 남쪽 바다로 날아간다. 남쪽 바다의 이름은 천지天池라고 한다.

공중에 떠다니는 아지랑이와 티끌들은 생물들이 불어 내는 입김이다.

하늘의 푸른빛은 원래 푸르기 때문에 푸른 걸까? 아니면 너무 멀어 끝이 없는 걸까?

붕새가 저 위에서 아래를 내려다볼 때에도 또한 세상은 아지랑이와 티끌 같을 것이다.

무릇 물이 깊게 괴지 않으면 큰 배를 띄울 수 없다. 예를 들어 마루의

움푹 패인 곳에 물을 한 잔 부으면 작은 풀잎은 떠서 배가 되지만, 여기다 잔을 놓으면 그냥 바닥에 붙는다. 물이 얕고 배가 크기 때문이다. 마찬가지로 바람이 두텁게 쌓이지 않으면 붕새의 큰 날개를 띄울 만한 힘이 없다. 붕새가 구만 리나 높이 날 수 있는 것은 구만 리 두께의 바람이 하늘 아래에 있기 때문이다. 그렇게 해야 붕새는 바람에 의지하여 푸른 하늘을 등에 업고 날아간다. 앞길을 가로막는 것이 하나도 없어야 비로소 남쪽 바다를 향해 나아갈 수 있는 것이다.

그런데 매미와 작은 비둘기가 이것을 비웃어 말했다.

"우리야 있는 힘을 다해 봤자 기껏 느릅나무나 박달나무 가지 위로 오를 수 있어. 어느 때는 거기도 오르지 못하고 땅에 떨어지기도 하지. 그런데 저 붕새란 놈은 왜 구만 리 꼭대기까지 일부러 올라가 남쪽으로 가려는 거야?"

가까운 들에 나가는 사람은 세 끼 밥만 챙겨 가지고 가도 배를 불릴 수 있다. 백 리 길을 가는 사람은 밤을 새워 방아를 찧고 그것으로 먹을 것을 마련해야 하고, 천 리 길을 가는 사람은 석 달 치의 먹을 것을 마련해야 한다. 이 두 벌레들이 무얼 알겠는가?
작은 지혜는 큰 지혜를 알지 못한다. 수명이 짧은 것은 수명이 긴 것을 모른다. 어떻게 그것을 알 수 있겠는가? 아침에 생겨났다가 햇빛을 보면 말라 죽는 조균이라는 버섯은 아침과 저녁을 아예 모르는 법이다. 쓰르라미 또한 봄과 가을이라는 것을 모르는데, 이것은 수명이 짧기 때문이다.

『장자』 맨 처음에 나오는 이야기다. 장자는 이 글에서 영혼의 자유를 꿈꾸는 사람은 현실의 변화를 잘 읽고 그 흐름을 잘 타야 한다고 말한다. 곤은 작은 물고기에 불과하지만 변화의 흐름을 타면 하늘을 뒤덮는 붕새가 된다. 붕새가 되려면 내공을 쌓아야 한다.

여기서 장자가 말하는 내공은 타인을 의식하는 겉모습, 겉치장, 겉 지식이 아니다. 그는 내공은 눈을 크게 뜨고 현실을 직시하면서 변화를 일으키는 안과 밖의 에너지를 읽는 데서 길러진다고 말한다. 사람에게 변화를 일으키는 에너지는 꿈이다. 꿈은 허황된 미래의 이야기가 아니다. 꿈은 현실이다. 그리고 꿈은 분노의 예방과 치료제다.

주위를 둘러보면 남들이 겉으로 보기에 좋은 조건들을 갖췄음에도 불구하고 불행한 삶을 사는 이들을 쉽게 찾아볼 수 있다. 그들의 공통점은 꿈의 결핍이다. 꿈의 결핍은 시간이 흐를수록 정서를 불안하게 한다. 인생이 별것 있느냐며 허세를 부려보지만 공허함을 채워 주지는 못한다. 이때의 불안은 사람이면 마땅히 갖춰야 할 삶의 방향과 가치를 찾으라는 신호이다. 이 신호를 무시하고 지나치면 다음에는 더 큰 외로움으로 찾아온다.

이 단계가 지나면 자신에 대한 분노와 세상에 대한 분노로 이어진다. 꿈은 개인뿐만 아니라 주위 사람들에게도 긍정의 에너지를 준다. 꿈은 나이도 초월한다. 세월의 무게만큼 꿈은 깊고 넓고 아름답게 뻗어 나가는 속성이 있다. 꿈은 내 안의 가치이다. 자신이 건강하면 병은 들어올 틈이 없다. 분노는 자신의 허점을 노린다.

인생의 행복은 거북이처럼 주위의 대상과 비교하지 않고 오로지 자기 자신의 꿈과 열정을 위해 묵묵히 걷는 데 있다. 지금도 늦지 않았다. 나이, 학력, 외모, 이력 등 다른 사람들과 비교하는 기준에서 벗어나 나 스스로 행복할 수 있는 나만의 인생을 디자인하자. 이것이 화내지 않고 우아하게 행복해지는 비법이다.

"

인생의 행복은 거북이처럼 주위의 대상과 비교하지 않고

오로지 자기 자신의 꿈과 열정을 위해 묵묵히 걷는데 있다.

지금도 늦지 않았다.

나이, 학력, 외모, 이력 등 다른 사람들과 비교하는 기준에서 벗어나

나 스스로 행복할 수 있는 나만의 인생을 디자인하자.

이것이 화내지 않고 우아하게 행복해지는 비법이다.

화났을 때는 아무 일도 하지 말라. 하는 일마다 잘못될 것이다.

발타사르 그라시안

분노는 당신을 더 하찮게 만드는 반면,
용서는 당신을 예전보다 뛰어난 사람으로 성장하게 한다.

셰리 카터 스콧